Por que ricos não acabam com a pobreza no mundo?

Joaquim Kanumbua
não sou rico, nem pobre. Sou economista.

FICHA TÉCNICA

© 2024 Joaquim Orlando D. Kanumbua
TODOS OS DIREITOS RESERVADOS
Proibida a reprodução total ou parcial sem autorização do autor.

CONTACTO DO AUTOR
kanumbuaj@gmail.com

TÍTULO
Por que os ricos não acabam com a pobreza no mundo?

AUTOR
Joaquim Kanumbua

EDITORA
Cérebros Editora

CIDADE
Lisboa, 2024

SOBRE O AUTOR

Joaquim Kanumbua,

nasceu em Angola, em 1988, autor de 8 obras.

Estuda actualmente economia,

programa doutoral na Universidade de Aveiro,

é Mestre em Economia pela universidade Lusófona de Lisboa,

é licenciado em Contabilidade e Administração, pelo

Instituto Superior Politécnico Católico de Benguela.

Presidente e mentor da ONG Associação Ondjala.

Foi professor convidado na Universidade

Lusófona de Lisboa.

Comentador para assuntos económicos em África

na África na RTP África.

Escreve sobre economia e desenvolvimento pessoal.

Voluntário na Wikipédia onde é editor.

Outras obras do Autor

1- As facetas facetas da vida : da minha a sua mundividência, 2019

2- O mercantilismo no Sex. XXI: 3 Passos económicos para falir qualquer governo, 2020

3- Como evitar o desemprego jovem: obrigações do Estado e dos jovens, 2021

4- O que aprendi na prisão: 14 dias de quarentena, 2020

5- O que as casadas me contaram, 2021

6- O modo negro para lidar com o racismo, 2022

7- A rotina perfeita com Hábitos felizes, 2023

8- Por que ricos não acabam com a riqueza no mundo, 2024

AGRADECIMENTOS

A Deus,
Dono da minha saúde, sabedoria, inteligência e da minha última respiração, por me permitir escrever e publicar mais uma obra.

DEDICATÓRIA

Aos meus pais, pelos valores morais que deles recebi.

A Associação Ondjala.
Pois, nela quero depositar 5% dos lucros das vendas advindas desta obra.

DISCLAIMER

Por que os ricos não acabam com a pobreza no mundo?

Imediatamente a esta pergunta, sem pensarmos, nos surgiriam as seguintes reflexões:
Porque a pobreza não é problema dos ricos e que se os pobres buscarem conhecimento, dedicarem-se, tiverem ambições, perguntarem mais, podem também vencer a pobreza.

Podíamos dizer, que os ricos não acabam com a pobreza, porque fazendo-o, reduziriam as suas fortunas e surgiriam incontáveis dependentes de ajuda Estatal, inclusive jovens que com saúde e tempo, prefeririam viver de subsídio de pobreza, do que do trabalho.

Podíamos também dizer, porque nascemos em lugares diferentes. Pois, o factor geográfico tem sido um dos grandes impedimentos para que os ricos na Suíça possam ajudar os pobres na índia ou porque alguns países têm mais terra arável e recursos naturais.

Podíamos também dizer porque geraria insustentabilidade na economia mundial. Afinal, o dinheiro ou a riqueza devem ser produzidas por meio do trabalho e não por meio de doações.

Diríamos porque, o governo não pode imprimir dinheiro para alimentar os pobres porque pode gerar: dependência, inflação e desvalorização da moeda; os ricos não podem oferecer dinheiro porque pode gerar improdutividade e com a isso, inflação ou deflação a depender do contexto produtivo. E como sabemos, tanto a inflação que é o aumento generalizado dos preços como a deflação que é a baixa generalizada dos preços, são falhas de mercado e podem levar as economias para fases mais difíceis.

Alguém podia dizer, porque o ser humano é egoísta, corrupto e insensível.

No entanto, para chegar mais próximo da resposta certa, alguém sugeriria que era necessário perguntar a alguns senhores bilionários e dirigentes de países ricos.

Podíamos dizer também, porque os ricos são os políticos e os políticos não empreendem e quando tentam, formam monopólios, matando assim toda a concorrência.

Podíamos dizer porque a pobreza é um problema de justiça e lá onde o Governo detém todos os poderes, não existirá justiça para defender os interesses dos pobres.

Do outro ângulo, a luta contra a pobreza pode ser vista como sendo a luta contra a riqueza, contra os homens e mulheres que gostam de trabalhar, que estão e são insatisfeitos com o têm e gostavam de ter e ser mais, pensando assim, nas suas aposentadorias e na sua descendência.

Este ângulo pode arrefecer potenciais empreendedores, homens de negócio. Afinal, a erradicação da pobreza, pode levar a um assalto as contas das famílias, por meio da redução fiscal/impostos. Ou seja, quanto maior for o meu rendimento, maior será o imposto a pagar para sustentar os pobres, ou seja, os mais carenciados que por razões várias e as vezes infundadas precisam de ser sustentados, acabando assim, por levar a desmotivação de alguns potenciais empresários. Como dizia um jovem ao descobrir as deduções presentes na sua folha de salário: Se soubesse que até sobre as minhas horas extras, recaem alguns impostos, eu não as faria. Para quê trabalhar tanto, se grande parte do meu individual esforço vai para as deduções fiscais.

Longe, das respostas acima, o caro leitor, ao longo desta obra, vai acompanhar todo depoimento com vista ao entro da resposta a pergunta presente na capa desta obra.

Nesta obra, vou olhar para a pobreza, como sendo a condição de uma família que não consegue garantir no mínimo três refeições ao dia para os seus filhos e que se entram no linear da pobreza, vivendo com os míseros 1.50 dólares por dia.

POR QUE ESCREVI ESTE LIVRO?

Porque entendendo a raiz do problema presente na capa desta obra, decidi trazer a discussão pública, todos os intervenientes possíveis no problema da pobreza e da riqueza das nações.

Quero nesta obra, não só apresentar as causas, o problema, os culpados e os inocentes, mas acima de tudo, sustentáveis soluções ao problema da pobreza e da riqueza no mundo.

Olho nesta obra a riqueza como problema e solução na mesma dimensão que olho a pobreza como problema e solução. Porque como dizia o mestre, as vezes é preciso ser rico para entender os ricos e pobre, para entender os pobres. Não precisa ser, materialmente, basta apenas viajar espiritualmente para a dimensão da riqueza e ou da pobreza. Se não consegue, tenta este exercício: Imagine que és o Elon Musk, o senhor que tem neste momento, não só dinheiro infinito (195 Bilhões $), como também nas suas mãos uma rede social (X) que é usada pelos líderes de todos os países do mundo, ou seja, tem dinheiro, base de dados e canal de informação, capaz de alterar a opinião do mundo em segundo e tirar vantagem sobre o impacto em questões de milésimos. Afinal, economia é informação.

ÍNDICE

AGRADECIMENTOS 4
DEDICATÓRIA 6
DISCLAIMER 7
POR QUE ESCREVI ESTE LIVRO? 11
Capítulo I 14
DESAFIOS MORAIS 14
    RELAÇÃO SEXUAL 17
    GRAVIDEZ 20
    ABORTO 22
    NASCIMENTO 24
    BARREIRAS SOCIAIS 26
    CRESCIMENTO 29
    REALIZAÇÃO 33
    FAMÍLIA 35
    SAIR 37
    LEGADO 39
    MORTE 43
Capítulo II 45
    DESAFIOS ECONÓMICOS 45
    SOCIALISTAS 45
    CAPITALITAS 51
    POR QUE O GOVERNO NÃO IMPRIME MAIS NOTAS PARA DAR AOS POBRES? 66
Capítulo III 69
DESAFIOS GEOPOLÍTICOS 69
Capítulo IV 79
CAUSAS DA POBREZA NO MUNDO 79
    A ORDEM MUNDIAL DA POBREZA 79
    AS BASES QUE SEPARAM 84
    OS RICOS DOS POBRES 84
Capítulo V 93
CAUSAS DA POBREZA NO MUNDO 93
    AUTORITARISMO 93
    SANÇÕES 98

    GUERRAS 100
    INTERFERÊNCIA 103
    CORRUPÇÃO 105
Capítulo VI **112**
SOLUÇÕES PARA O PROBLEMA DA POBREZA NO MUNDO 112
QUEM DEVE ACABAR COM A POBREZA NO MUNDO? **113**
COMO OS RICOS PODEM ACABAR COM A POBREZA? **120**
    PRINCÍPIO DA DISTRIBUIÇÃO 124
COMO OS POBRES PODEM ACABAR COM A POBREZA NO MUNDO? **127**
    PRINCÍPIO DA INSATISFAÇÃO 127
    PRINCÍPIO DA REINVENÇÃO 134
BIOGRAFIA **138**

Capítulo I

DESAFIOS MORAIS

Um dos maiores desafios morais que a sociedade enfrenta, tem a ver com a facilidade de julgamento. Eu julgo a pessoa pobre, julgo a pessoa rica, julgo o empregado, empresário, desempregado, o herdeiro, inclusive alguém que se tornou rico depois de apostar no Euromilhões. Julgamos sem conhecer a pessoa, o que torna mais errado o nosso juízo, porque para além de não sermos juristas, julgamos sem base alguma. Quer dizer: com base aos nossos preconceitos.

Quando eu julgo alguém, livro-me da oportunidade de o questionar, ouvir e assim agir segundo as causas e não os efeitos ou consequências visíveis. Era necessário todos nós fazermos o exercício de pedir a sabedoria divina para nos livrar de qualquer tipo de julgamento aos outros.

A semente para o fim da pobreza no mundo devia estar na mente e coração do jovem pobre, antes de começar a sua jornada rumo a riqueza. Porque se eu partir em busca da riqueza por meio de estudos, talento e oportunidade, ousadia, conexões várias e ou excelência académica, com a carga moral de que não vos esquecerei quando lá chegar, nunca os pobres de ontem e ricos amanhã, permitirão que os pobres de amanhã sofram.

Os ricos não se calam face ao sofrimento dos pobres, por isso, várias vezes ouvimos: eles são pobres porque são preguiçosos. Não gostam de trabalhar, suar a camisa, acordar antes do sol nascer. Assim como também os necessitados, pobres e alguns miseráveis, economicamente escrevendo, não se calam face a fortuna dos ricos: Eles são maus, gananciosos, insensíveis e exploradores. Os ricos são maus e acham que nós é que somos preguiçosos. No mesmo instante, o rico diz: eles são preguiçosos, há oportunidade em todo o lado, eles é que são preguiçosos. Gostam de vida boa, mas são avessos ao trabalho. Já basta os milhares que pago em impostos ao Estado para os redistribuir.

Quando assistimos estas discussões em que cada procura defender a sua posição económica, percebemos que o problema está muito longe de se resolver. Porque, é necessário que uma das partes aceite que está a falhar, para que se busque a solução para a pobreza no mundo.
O caro leitor, terá o deleite de constatar durante a leitura desta obra, onde está o erro, como começou, quem está a errar, e como resolver sem precisarmos de mencionar culpados.
Os ricos não acabam com a pobreza porque não se sentem culpados por mal algum mencionado abaixo.
A nossa jornada nesta vida começa como embriões. Começamos a fazer parte do problema dos outros mesmo antes de nascermos, ou seja, eles nos criam sem a mínima noção sobre as implicações da nossa existência. Depois

nos consideram um problema e se não tivermos sorte, nos adiam/aborto.

Escrevo nos "adiam" porque acredito no renascimento. No dado em que toda criança/alma abortada, nascerá em outro ventre. Chamo alma porque acredito de olhos fechados de que a alma humana surge no mesmo momento da fecundação. Alguns acharão exagero, como uma célula, um pequeno embrião, um ser do tamanho de um grão de feijão possa ter alma. Esta dúvida de certeza nasce apenas na cabeça de um ser humano que não considera antes de tudo o nosso tamanho, nós seres humanos adultos, o nosso tamanho no universo. Somos tão insignificantes tal como consideramos a insignificância do embrião.

No entanto, toda alma abortada, nascerá em outro ventre, porque cada ser humano traz para este mundo, algo único e como este talento não pode sumir do universo sem deixar o seu legado, nascerá na próxima família.

RELAÇÃO SEXUAL

Todo ser humano que se envolve em relação sexual, com um ser humano que engravida, devia ou sabe que o fim último mais nobre da relação sexual é a procriação, a manutenção do lar é o segundo alcance mais alto desta fascinante celebração, quando cumpre todos os requisitos morais universalmente aceites.

A pobreza ou a riqueza das nações começa com a relação sexual, afinal, quanto mais família pobres em uma nação existirem mais, nascerão pobres. O mesmo acontece quando estamos em presença de uma sociedade com mais famílias ricas.

Antes que o caro leitor pense no aborto, na lei, ou na castidade, para controlar o nascimento de mais crianças em situação de pobreza, permita-me tranquilizá-lo porque mais adiante falaremos com mais profundidade sobre possíveis caminhos para soluções que agradam ao Criador.

Todas as leis ou medidas que o governo criar para controlar a taxa de natalidade, falhará, pois este é um processo que obedece a ordem natural do nosso corpo. O ser humano sente de necessidade de realizar o coito. Assim é a nossa formação biológica. As leis falham porque nos levam para a realização do aborto, lesionando a alma e o corpo das nossas mulheres. O uso de anti concessionais como o preservativo seria o mais indicado em um mundo poluído pela promiscuidade. Porque em condições humanas racionalmente aceite, em que a pobreza e a riqueza das famílias interessam a todos, cada cidadão sentir-se-ia responsável em não trazer criança alguma em condição de pobreza, isto é, preparando o lugar em que a criança nascerá antes de a ter e para isso, escolher em oração o seu parceiro/parceira para a vida. Afinal, os filhos precisam dos seus pais juntos. Pode parecer um discurso perfecionista e parece porque vivemos em uma aldeia em que o normal, passou para posição de anormal, pura inversão de valores.

Sexo responsável, sem deixar a responsabilidade de sustento do nosso filho ao governo, é o primeiro passo para a redução da pobreza no mundo.

O Estado social tem sim a sua obrigação no processo, enquanto protetor e paternalista, mas sabemos que em economia, os apoios sociais, geram dependência e improdutividade, por razões várias como, se vivendo em um país em que o custo de vida é medido ao salário mínimo ou quando os apoios sociais em numerário são iguais ou próximo do salário mínimo nacional. Dando como exemplo um funcionário que receba 700 USD ao aperceber-se que se estiver desempregado ganhará 600 USD do apoio social durante um ano, este senhor, se não tiver mais ambições, de certeza ser-lhe-á muito mais confortável receber este apoio e viver em uma residência social.

Adolescentes e jovens focados em quebrar o ciclo da pobreza nas suas famílias, não pensam em sexo. Não pensam em namorar. O namoro prematura e consequente sexo e gravidez, são frutos da pobreza, por isso, em sociedade com índice de pobreza altos, há muito mais, mães prematuras (antes dos 18 anos de idade).

Os pais que cedo descobriram as possíveis causas da pobreza no mundo ou na sua família, começam desde cedo a instruir seus filhos em focar nas possíveis vias para que o corrente da pobreza não se alastre para mais gerações. Alguns pais, observam cuidadosamente os talentos dos seus filhos, como futebol, natação, desenho, comunicação, canto, números, ... e depositam todas as suas moedas neste talento. Foi assim que nasceu R10, Neymar e outras estrelas ricas.

GRAVIDEZ

Mas a gravidez é má? A depender do momento em que surge, pode não ser bem-vinda, porque pode desviar o curso das nossas prioridades. Por isso, alguns discutem na rua, na Universidade, nas assembleias, ... sobre o problema do aborto. Apesar deste último também não ser assumido pelos ricos. Tanto que, muito deles, recomendam a prática, não porque enriquece a indústria farmacêutica e clínicas, ou porque são a favor dos direito e emancipação das mulheres, porque quanto mais livre uma sociedade viver, da rigidez moral, mais fácil será dominá-la e tirar dinheiro delas. Afinal, quem tem dinheiro, e liberdade para comprar tudo que puder, é uma óptima presa para o mercantilista.

A gravidez é consequência da relação sexual. É sempre uma bênção, apesar de parecer maldição para alguns. Como escrevi acima, a depender do momento e dos intervenientes ou responsáveis pela vinda do novo ser humano.

O desafio moral da gravidez hoje, 2024, ano em que escrevo este texto é muito mais complexo do que pensamos, porque estamos em presença de uma jovem população, que acredita ser dona da sua própria vida, que criou as suas próprias regras e que as leis e regras de existentes, deviam se submeter as suas. Esquecemos-mos de que a luta contra a pobreza deve ser conjunta e que quando nasce uma criança é obrigação de toda sociedade protegê-la, alimentá-la, vesti-la, educá-la, dá-la todos cuidados que o ser humano precisa. Pois, se não tivermos professores, quem irá educar o teu filho, se não tivermos médicos quem o irá curar? Precisamos perceber, que tu não és o dono da tua vida como pensas e a narrativa (minha vida, minhas regras), prejudica-nos a todos, porque os teus erros afectam toda uma sociedade. Um filho delinquente, tira o sono de toda comunidade, assim como um filho médico, cura metade da comunidade.

Quando um cidadão engravida é toda uma sociedade que está grávida, quando uma cidadã aborta, é toda uma comunidade que perdeu um potencial salvador da nação.

ABORTO

O aborto é consequência da nossa irresponsabilidade. Quando for fruto do sexo consentido, com amor e gosto. O aborto é fruto da nossa impotência enquanto ser humano que ganhou a estima de cuidar de uma graça Divina.

Quando um governo aprova uma lei a favor do aborto, é um anúncio de que falhou enquanto entidade máxima para a proteção da família. É um sinal de que não conseguirá criar condições para que famílias pobres nasçam nos próximos anos em situação de riqueza. Pois, os números nos dizem que a prática do aborto é realizada em maior frequência nas famílias, pobres, negras e em bairros. Proporcionalmente estas famílias vivem em zonas longe de escolas, hospitais, lares para infância e adultos. Coincidência.

No entanto, o desafio moral desta jornada para o fim da pobreza é educar as crianças, reeducar os jovens e adultos de que se focarem nas coisas que realmente importam como prepararem-se para amanhã conseguirem quebrar o ciclo da pobreza nas suas famílias e assim conseguirem cuidar dos seus pais e não serem apenas mais uns reclamões das políticas do Governo, não precisarão fazer sexo com pessoas com as quais jamais casariam, muito menos sexo desprotegido em momento impróprio das suas vidas.

O desafio moral é também termos a coragem de chamar as coisas pelos seus próprios nomes. Porque me parece que criamos imensos nomes à morte para não a chamar de morte. O aborto é a morte de um ser, nós chamamos interrupção do feto, será por falta de coragem?

As guerras são autorizações para matar. Há limites, há leis, até nas guerras, sim, mas tudo é morte. A diferença é que algumas formas de matar são autorizadas e outras, não. Mas tudo é morte.
Quando o ser humano tirar a cortina aos termos bonitos, buscar incansavelmente o significado, se necessário etimológico das palavras e questionar porquê se criou tal palavra, nos surpreenderemos. Precisamos de entender que a língua é parte da cultura de um povo. Logo, a política deve vigiar a cultura e o sistema de ensino do seu povo para que estes não violem os seus interesses.

NASCIMENTO

Nascerá apenas aquela criança que for fecundada no ventre de uma mulher solidária. Incapaz de adiar o curso da vida de um inocente, simplesmente porque (nasceu no momento errado). O nascimento é uma luz. Porque todos nós nascemos para iluminar o universo.

O desafio moral do nascimento cabe ao Governo, em não permitir que crianças nasçam em condições desumanas. Sem assistência médica porque não há energia no hospital, falta de médicos ou porque as vacinas e seringas acabaram, inclusive as luvas, sem mencionar o facto de algumas mães partilharem camas e antes de nesta sofrida cama chegarem, ouvirem insultos das mal-humoradas médicas.

Nascer hoje em ambiente hostis, é próprio nas famílias pobres. Logo, o desafio moral, devia recair ao governo, porque esta criança recém-nascida, depois de vencer o aborto, enfrentará, porque o mundo lhe reservou, imensas barreiras sociais até quebrar a pobreza presente no mundo. No entanto, uma das vias de o governo a ajudar a enfrentar tais obstáculos, é no mínimo estar em um ambiente saudável.

O desafio moral das famílias deverá ser desenvolver na família incentivos financeiros para que os seus filhos nasçam em condições económicas melhores as suas. Desenvolver incentivos financeiros porque se de certeza vivemos em um país em que o Estado oferece zero benefício aos recém-nascidos, ninguém fará por nós se não formos nós mesmos. Por outro lado, a educação sexual aos nossos filhos deve rígida sem tabus. Reprovar a prática do aborto na educação dos nossos filhos deve ser um mantra para que eles não usem o sexo como desporto. Lembrar que o respeito pela vida humana depende da educação que damos aos nossos filhos e claro, a educação religiosa fará sempre a sua benevolente diferença.

Incentivos financeiros aos filhos em idade activa, fará toda a diferença para que a família tenha mais receita ou para que os filhos ganhem as suas independências cedo, aliviando assim, o peso financeiro aos pais e consequentemente se engravidarem possam levar a responsabilidade até ao nascimento, porque o dinheiro não será o problema para pensar em abortar a criança.

BARREIRAS SOCIAIS

Todos nós temos problemas, temos problemas diferentes. Preciso aceitar que alguns têm problemas maiores que outros, porque nascemos em lugares /contextos diferentes e acima de tudo, vivemos a nossa vida de forma diferente. Alguns mais regrados, outros mais liberais, certos mais tradicionais e outros, são liberalmente deixa a viva me levar. Cada segundo a doutrina que usar para levar a sua vida, encontrará a sua cruz, barreiras ou almofadas. Como diz a lei rija: Deus não te dará uma cruz que não consigas levar, muito menos um problema que não procuraste. Em palavras leves, cada se coçará segundo a sarna que arranjou.

O desafio moral é pedir aos governos em uma primeira fase, de seguida exigir se não nos ouvirem, de formas a reduzirem os desafios que colocam aos nossos filhos, desde dificuldade no acesso aos serviços básicos e a incapacidade de certos governos acabarem com os conflitos. Segundo a matéria que li hoje, 12 de Junho de 2024, mais de 56 países ou regiões no mundo estão em conflitos.

Se a guerra não é a legalização da pena de morte aos não criminosos, é como se diz em palavras académicas, a continuação da política por meios violentos. A violência civil é a maior barreira social criada pelo homem. Logo, o desafio moral é pedir aos cidadãos de todo o mundo a exercitarem o exercício do diálogo em casa, na rua, no trabalho, na igreja, ou seja, lá onde estivermos sermos os primeiros mensageiros da paz, mesmo que nos custe pedaços de terra, pois, a terra é ilimitada e a nossa vida limitada. Promover o diálogo é a única forma para evitar a maior barreira social em uma nação. Contribuindo assim para o fim da pobreza no mundo.

Quando grupos tribais na República Democrática do Congo lutam por terras férteis em ouro, criam gigante barreira aos filhos dos inocentes soldados, contribuindo assim para que África continue na cauda da humanidade na corrida ao desenvolvimento económico. Quando Vladimir Putin apesar de governar um dos países mais vastos do mundo, acredita que a sua segurança está na conquista e no domínio da Ucrânia, coloca ao seu próprio povo uma gigante barreira com cegueira a realização dos seus sonhos de vida e claro, arrasta os dois países e todos outros intervenientes ao atraso.

Quando governantes africanos, desviam parte ou todo rendimento advindo das receitas petrolíferas e outros recursos naturais, para paraísos fiscais pela Europa e América, abrem oportunidades, pontes as crianças dos países em que investem tais fortunas e erguem barreiram intransponíveis aos seus próprios filhos/povos, roubando-lhes assim a oportunidade de fazerem da África o melhor lugar do mundo para viver, investir. Percebe-se tal comportamento, afinal, quem rouba, sempre guardará tal fortuna em outras nações.

As guerras abrem oportunidades para muitos outros males, como a riqueza das nações que vendem armamento, a extração ilegal e barata de recursos minerais em zonas em conflito, a implementação de um sistema político contrário a cultura do povo sofredor, a alimentação do egoísmo e falso heroísmo das partes, sem nos esquecer da morte não só da população activa do país como também de muitos melhores cérebros da nação, por via da emigração, morte e ou conversão aos seus ideias científicos quando químico deixam de produzir medicamentos e produzem armento em função da curva da procura nacional ou internacional.

CRESCIMENTO

Eu cresci para vencer.

Dizia o Kassapa. Dizia todos os dias desde o dia que de alguém lugar leu ou ouviu tal frase.

Não vou parar enquanto não vencer.

Nasci neste lugar imundo por alguma razão.

Sento que fui escolhido para dar outro rumo as pessoas que aqui moram e a esta cidade.

Mas para que tudo aconteça, eu preciso vencer e vou vencer.

Dizia todos os dias nas suas orações o insatisfeito jovem Kassapa.

Vivia lendo e estudando a vida das pessoas mais bem-sucedidas do mundo até perceber que todos este que atingiram o sucesso financeiro, pois era, este sucesso que ele precisava, até perceber que todos, mas todos, sem excepção, precisaram estar dispostos a sofre, sentir dor (física, emocional), solidão, injustiças ou se necessário cometer certa injustiça. Afinal, sou humano e a perfeição, apenas a Deus pertence. Dizia ao seu âmago.

A história do jovem Kassapa começa no livro O Mercantilismo no Séc. XXI: 3 Passos para falir qualquer governo, logo no primeiro capítulo ao qual recomendo vivamente a leitura.

Neste estágio da sua via com vista a crescer financeiramente, nasce no jovem a necessidade de não violar as questões morais que recebeu dos seus pais, de já as ter violado imensas vezes. Reconheço, é a faze por este nomeia a sua nova fase de vida.

Não há crescimento sem dor.
Sublinha esta frase como ordem da jornada para que a ajude a evitar caminhos curtos, fáceis, com vista a resultados rápidos sem medir os meios. Kassapa acredita que apesar da cede de vencer, nem todos os meios devem justificar os nosso objectivos. Pois, procedendo assim, seguiremos facilmente o caminho do médico doente que mata seus doentes, porque sentia pena de os ver sofrer com dores de dentes, ou pior, do ministro da energia, que adjudica a sua empresa privada de energia o contrato para a gestão e fornecimento de energia elétrica no seu país.

Kassapa, sonhara chegar ao cargo mais alto publico que lhe permitisse tomar decisões que mudassem o curso da história do seu país.

Enquanto empresário, criou a Fundação Kassapa, onde destinava 1% de todas as suas vendas. Com estes rendimentos, investia na arborização da sua cidade, financiava bolsas de estudo no país e no estrangeiro, fundou a clínica universitária onde jovens formados em bolsas pagas por si, trabalham e formavam outros médicos. Clínica esta que prestava serviços gratuitos a crianças até 16 anos de idade. Para o Kassapa, quem tivesse 16 anos devia trabalhar e com o fruto do seu salário pagar o seu seguro de saúde. Tornou-se o empresário mais conhecido e solidário do seu país o que lhe valeu o cargo de autarca quando decidiu lançar-se para a política.

Enquanto empresário, começaram testes morais, pois tinha empresas que actuavam em sectores mais críticos da sua província como saúde, educação, alimentação, energia limpa e Mídea.

Kassapa sabia que se colocasse todas as suas empresas ao serviço do Estado a sua província em menos de 2 anos seria o melhor lugar do mundo para se viver. Mas agindo assim, lhe custaria o seu nome, reputação e poderia lhe levar para a prisão, afinal quanto mais a sua luz iluminar, a mais mosquitos e baratas incomodarás.

Kassapa não queria perder a oportunidade de usar o seus poder e empresas para transformar verdadeiramente a sua província. Foi assim que teve a genial ideia de formas a contornar o desafio moral, solicitou uma votação/petição, para que todos na província votassem a favor ou contra as suas empresas pudessem gerir todos os serviços públicos da província, pois, sabia do seu sonho e confiava apenas a si mesmo.

Doeu ter tomado tal decisão. Doeu ter feito cair todas empresas que tinham contratos com as administrações locais, doeu ver-se isolado de toda classe política e empresarial do país, doeu porque Kassapa sabia que para vencer era preciso estar disposto a sentir dor.

Não aconselho que os autarcas façam o que fiz, mas tem de ser necessário, estás medias perante um sistema completamente viciado.

Kassapa precisa acabar com a corrupção, a impunidade e porque não sabia como controlar todo o sistema, decidiu para a missão de transformar a sua cidade durante o seu mandato, que apenas as suas empresas, assumirão as obras e projectos públicos. Pois, sabia que assim era muito fácil controlá-los e acima de tudo, tinha a certeza de que não havia governante algum que queria mais do que ele ver a sua localidade/ Município vencer e assim se tornar referencia mundial para o turismo e produção alimentar de mais alta qualidade/natural. Quer comer fruta, peixe, carne, qualquer alimento natural, vá para a cidade do Kassapa.

Após a sua morte por doença, o Autarca que o subsistiu, mudou o nome da cidade para "Município do Kassapa" com o objectivo de o eternizar. Este novo Autarca acredite ou não, é fruto do projecto de formação de crianças desfavorecidas, criado pelo eterno Kassapa.

REALIZAÇÃO

A realização é o resultado de todas as decisões que tomamos desde que atingimos a maior idade. Nunca o estágio ou nível, sentindo de realização dos seres humanos será o mesmo. Porque apesar de todos nós querermos no final do dia o bem-estar da nossa família, nesta vida todos nós buscamos por realizações diferentes porque temos objetivos diferentes e usamos meios diferentes para os atingir. Por isso, trouxe aqui este tópico de formas a nos darmos a oportunidade de nos perguntarmos quais desafios morais estamos dispostos a violar e quais não violaríamos por nada. Será que vale tudo para a nossa realização pessoal? De certeza se valer tudo, jamais seremos parte da luta para o fim da pobreza no mundo.

Logo, este desafio deve ser acompanhado pela tão difícil virtude da paciência. Aceitar que teremos, porque podemos ter tudo, mas nem tudo teremos agora. Algumas coisas Deus nos darão depois, porque é necessário primeiro aprender a cuidar o que vamos receber e mais importante ainda, é preciso merecer para que venhamos profundamente cuidar. O pedreiro constrói os degraus para que a caminha seja ordeira e acima de tudo para que não possamos nos machucar. Subir cada degrau, descansar, olhar para onde viemos e vamos. Apreciar o lugar em que estamos e tudo em sua volta é sinal de gratidão. Porque a gratidão transborda em forma de solidariedade, é assim qua vamos vencendo o desafio moral da realização pessoal, colectiva com vista ao fim da pobreza no mundo.

Quando mais pessoas atingem a realização pessoal, agradecerem por este marco, mais a pobreza no mundo estreitará. Tal como escrevi acima, a gratidão advinda da realização transborda em forma de solidariedade e quando 100 pessoas em cada 6 meses atingem a tão esperada realização pessoal financeira, estes doarão parte dos seus ganhos em forma de bolsas de estudo, estágio, emprego, saúde, empréstimos a empreendedores e se estes agora apoiados tiverem também o mesmo senso de gratidão e doação, mais a curva da pobreza se apertará para negativo.

FAMÍLIA

Se o ardente desejo de ver a nossa família realizada, fosse igual ao de ver as famílias dos outros, no mundo haveria zero pobre. Porque uma das grandes falhas na resolução do problema da pobreza no mundo está na distribuição. Não da riqueza das nações, mas das fontes da riqueza, ou seja, da terra, do conhecimento, da proteção dos inalienáveis valores como o amor ágape, ou seja, o amor incondicional.

Permite-me caro leitor, abrir parenteses para referenciar a força do amor ágape, inexistente em muitos de nós, ferramenta que nos ajudaria a combater este mal. No amor erótico eu espero da minha parceira ou parceiro, satisfação sexual e mais, eu quero também atingir o orgasmo, no amor filial os pais cuidam dos filhos na esperança de no futuro estes os cuidarem também. Apenas no amor ágape onde o ser humano espera nada em troca. Por isso, a doutrinação deste amor hoje aos nossos filhos seria o primeiro passo para vencermos os desafios morais para o fim da pobreza no mundo. Se entendermos que pessoas felizes, fazem mal a ninguém, desenvolveremos em nós o senso de urgência de vermos todos felizes. Afinal, quem ficará feliz se não tiver o que dar aos seus filhos para comerem e / ou teto para a sua família, como seria feliz uma família que acabou de receber ordem de despejo. Só no mundo das realizações individuais, porque no mesmo momento em que a família A chora pela ordem de despejo, a família B celebra a aquisição da nova casa. A primeira casa da família adquirida em leilão. Estão felizes porque o dinheiro para a compra da casa, é fruto do árduo trabalho do casal.

Como ficaria feliz a jovem menina que acabou de perder para o assaltante de carteiras, o celular novo recém oferecido pelo seu namorado apesar dos 50 anos de idade que os separa. A consciência de que: estarei melhor se estiveres bem, deve ser cultivada e preservada para que existam no mundo famílias felizes. Toda família feliz é uma família rica, se me permitir ampliar o conceito de riqueza.

Asiáticos invadiram espaço aéreo americano fazendo de forma proposital e profissionalmente treinada, embater dois aviões contra dois arranha-céus, matando assim centenas de cidadãos inocentes. Tudo porque os responsáveis deste atentado macabro, acreditam serem os americanos os culpados pela pobreza nos seus mundos. Como consequências, uma avalanche de ataques americanos sobre o médio oriente, acabando por matar outras centenas inocentes. Em suma, centenas de pessoas morreram e tornaram-se pobres tanto na América como na Ásia, como consequência da falta do amor ágape, fonte da justiça social para o combate a pobreza nas famílias em todo globo.

38

SAIR

Sair será necessário para que consigamos vencer os desafios morais com vista ao fim da pobreza no mundo, tarefa que parece ser impossível aos olhos dos Tomés /teimosos. Sair, deixar o ambiente familiar quando se é jovem devia ser o primeiro passo para que nos possamos dar a oportunidade ver o que os nossos pais, irmãos, não viram e assim poder amanhã trazer para a família outras vias para que se possa quebrar o ciclo da pobreza na família, bairro e ou nacional.

As famílias têm um sentido protecionista que não deixam os filhos arriscar, tentar o novo. A famílias têm tradições, algumas invioláveis segundo o ancião da família e a única forma de não quebrar com os nossos princípios culturais e mais, seria sair.

Sair do grupo de amigos, que pensam apenas agora e que não se sentem culpados por nada que os acontece, sou pobre porque o governo é corrupto. É verdade e agora?

Tu decides se esperar as próximas eleições democráticas, ou fazes as malas para outras regiões, lembra: o mundo é nosso e nós podemos viver onde quisermos.

Sair do ambiente de pecado, da preguiça, do conforto, do consumo, da imoralidade, ter a coragem de sair, largar, mudar, comprometer-se, é o primeiro passo para vencermos o desafio moral ligado aos ambientes em que nos encontramos. Porque os ambientes têm energias próprias, culturas próprias, leis próprias, donos próprios, preferidos próprios, visões próprias. Por isso, sair poderá ser a via para o rumo a prosperidade pessoal, familiar, locar, nacional e internacional. As vezes precisamos fugir para evitar o pior. Não é cobardia, é inteligência, como dizia o mestre, quem evita não é tolo.

LEGADO

A história do homem que matava todos as pessoas que viviam em estado de sofrimento físico ou emocional, na profunda intenção de os poupar da dor deste mundo imundo e pecador. Porém, para este homem, morrer é descansar, é contemplar a outra dimensão da existência humana em um mundo sobre natural sem dor. Leva-nos a concluir que o sentido de legado que queremos deixar para as futuras gerações difere de pessoa a pessoa. Conheço empresário com sede insaciável de abrir lojas e empresas em toda a parte do mundo com a intenção de empregar o maior número de pessoas possível.

Estou a escrever sobre o dono de uma empresa que produz roupa baseada em fast fashion e presente na lista das empresas que mais poluem rios, praias e lagos em todos os países presente. Governo algum o consegue parar porque subordina, todos e mais.

Este cidadão, quer ser lembrado como alguém generoso porque tirou muita gente do desemprego e inclusive criou uma fundação que visa produzir e oferecer roupas para famílias pobres e moradores de rua. Toda esta caridade, acontece no mesmo momento em que as suas empresas contaminam rios, matando assim crianças com cancro de estômago e afugentando toda fauna e flora animal presente nos rios e lagos onde as suas empresas deixam todo resíduo sólido, fruto da produção de roupas.

Conheço um chefe de Estado que não queria deixar o poder, alterou a constituição para permanecer como autoridade máxima, anunciando ser a vontade de Deus e do seu povo manter-lhe no poder e porque não tinha concluído o seu legado depois de 10 anos de mandato que a constituição lhe permitia. Dizia também que era imperioso permanecer no poder porque não confiava a mais ninguém para concluir o seu legado, ou seja, cérebro algum no seu país, poderia governar melhor o seu país. Estamos a olhar para um país desprovido de todas as liberdades, onde os deputados viram-se forçados a votar a favor da alteração da constituição porque de contrário, viriam os seus familiares mortos.

Os três exemplos acima levam-me a questionar se podemos afirmar o legado como sendo relativo. Fica evidente que o meu legado possa ser mais por Deus do que seu ou o contrário, a depender do julgamento do próprio Criador. Podemos também fazer uma visita aos países em conflito como Palestina vs. Israel, Rússia vs Ucrânia, R D Congo vs. Ruanda, Sudão do sul, Etiópia, R C africana, Paquistão, Burkina Faso, Somália, Síria, Nigéria, Iêmen, veremos lideres de governo dispostos a lutar até a última gota com vista a libertação do seu país e assim sendo lembrado como sendo o salvador da Pátria, no mesmo momento em que conta o número de jovens mortos do seu lado e do lado [...] assim a estatística pois, este [...] números e se são apenas núm[...] mortos, mais próximo estou da [...] morrem, mais jovens preciso de [...] líder vive despreocupado com a [...] na quantidade de jovens em ida[...] possui e se não possuir mais [...] contratação de mercenários e [...] internacional para que países [...] seus filhos para na sua terra [...] liberdade e assim conseguir o ta[...] Pátria. Esquecendo-se de que [...] menos violentas para se atingir [...] legado que agradará todas as fa[...]

O desafio moral face ao le[...] deixar e assim sermos eternizad[...] de facto as decisões que tomam[...] objectivos que queremos ating[...] nunca esquecidos pelo bem que [...] famílias, hoje e amanhã. Será n[...] de todos interesses pessoais e [...] nossa consciência de estamos a f[...] fazer nada, também é uma form[...] como alguém que passou por e[...] a alguém. Todavia, durante tod[...] nada. Quem nada faz, ninguén[...] fazer, faça se mal algum farás. [...] deixar lágrimas e sangue.

MORTE

O bom descanso vem do intenso trabalho.
A morte foi criada, penso, para nos lembrar que somos todos iguais. Afinal, quem não morrerá? Matar é apenas deixar que os outros passem a frente e que deixem de nos incomodar enquanto durar a nossa vida na terra.

Não estou em condições de confirmar se há outra vida após a morte, apenas acredito na existência da outra dimensão e que tudo não acabará com a minha morte, acredito que viverei outras experiências após o fim da minha estadia no planeta terra, no mundo material.

Se a morte existe para nos lembrar que estamos cá apenas de visita e que a nossa casa não é esta e que todos iremos morrer, desde o jovem demente que não sabe que vive, o pobre ao multimilionário, não será este o desafio moral que nos obrigará a pensar na partilha de tudo que com o suor do nosso trabalho conseguimos? Pois, se nada mesmo levarei comigo, para que serve, me servirá acumular sem somar na vida dos outros? A morte vem nos lembrar o cálculo da divisão. Ou seja, da adição na nossa vida para depois partilhar. Partilhar conhecimento porque tudo que sabemos evaporará, partilhar o nosso dinheiro em forma de investimento em cérebros e cidades que precisam, dando assim a estas famílias, a oportunidade de criarem riqueza e assim sucessivamente.

Precisamos descansar cientes, de que deixamos todo conhecimento necessário para que os que ficaram consigam multiplicar o que deixamos afetando e transformando pela positiva a vida de milhares de seres humanos pelo mundo.

Capítulo II

DESAFIOS ECONÓMICOS

SOCIALISTAS

Socialistas manifestam insensatamente nos discursos, a dificuldade que sentem em compreender a realidade capitalista onde observa-se um polo em que há crianças e mulheres sem acesso a educação, serviços básicos de saúde, e no outro polo mais próximo dos dirigentes da nação composta por uma elite intelectual divorciada do povo. No mesmo palco, estão os capitalistas que acusam socialistas de incompetência e prepotência. Pois, não deixam o empresariado despolitizado nascer, não conseguem responder aos problemas básicos das famílias como acesso a água, educação e saúde.

Todo este teatro ocorre num momento em que duas crianças uma em um país capitalista e outra em um país socialista, dormem a beira estrada com as mãos estendidas a espera da próxima moeda ou de serem atropeladas, quando deviam estar protegidas na escola, sob liderança de um governo socialista ou capitalista.

Quando convidamos, elegemos socialistas para acabarem com a fome no mundo, estes nos dirão que não teríamos feito escolha melhor porque estes são os responsáveis e únicos responsáveis pelo fim da exploração do homem, pelo homem, levando-nos assim, a França, com a revolução francesa. A revolução francesa 1789-1799, marca o fim da aristocracia, devolvendo todos os bens particulares para o Estado e das receitas destes bens, servir para toda a sociedade local. O fim dos privilégios e da aristocracia marcado pela Revolução francesa, visa exigir aos ricos o pagamento de impostos pelos seus ganhos de capital, pagar salários e a providência social, serviços públicos e investir no desenvolvimento social como escolas, empresas públicas, estradas, correios, meios de transporte, comunicação e mais.

O socialismo surgiu para acabar com a pobreza no mundo, porque antes da revolução francesa, a França era regida por um regime/governo absolutista. Onde apenas as pessoas do governo, tinham e eram. Deixando o povo em estrema pobreza sob todos os níveis.

O socialismo como fruto da revolução francesa, trouxe esperança ao povo, devolvendo-os direitos sociais, liberdades colectivas e individuais e acima de tudo a representatividade social, ou seja, apenas seria chefe do governo ou do Estado, quem fosse eleito pelo povo, como é hoje comumente conhecido como Democracia / poder pertence ao povo, porque é este que determina quem os vai governar.

Analise comigo caro leitor; partindo da verdade de que o socialismo é fruto da rebelião, das manifestações, revolta popular, porque o povo francês pretendia pôr fim ao absolutismo, queria separação de poderes, pois, o regime era dono dos tribunais, segurança do Estado / polícia, exército; governo, do poder executivo e acima de tudo o povo francês pretendia acabar com as três vergonhosas classes sociais que existiam: cleros, nobres e o povo. O clero eram as altas figuras do Estado e suas famílias, estes não pagavam impostos, hoje seriam comparados aos Ex presidentes, presidentes, ministros, deputados, padres e governadores, a nobreza eram as famílias ricas da época que tinham negócios com o "Poder" e com as pessoas do mesmo e por último estavam os burgueses e o povo. Burgueses eram donos das grandes plantações, negócios e fábricas. São estes que lidavam directamente com o povo no dia a dia, pois, eram estes que empregavam os pobres e como os pobres, os burgueses, também pagavam impostos.

Pedi ao caro leitor para analisar comigo o texto acima, porque por coincidências, nos países declarados socialistas, as classes económicas que deram origem a revolta popular e assim surgir o tão esperado socialismo, ainda hoje existem.

Será necessária a rebelião popular, para o fim da pobreza no mundo como aconteceu na revolução francesa? Surgindo assim o socialismo e a democracia?

Poderá não ser necessário porque surgiu de seguida o capitalismo para corrigir os erros do socialismo.

Desta feita, podemos assumir que o socialismo falhou no combate a fome no mundo?
Se até hoje sofremos e vemos, como sofriam os revolucionários franceses, isto é, completo absolutismo, negação de liberdades, ricos, apenas ricos pertencentes a classe política, pode ser sensato assumir que o socialismo falhou no seu objectivo mais nobre e terá falhado porque os que conseguiram acabar com o "regime absolutista" fizeram-no com objectivos longe dos prescritos pela causa última do socialismo como oferecer melhor distribuição, redistribuição da riqueza nacional e colocar o homem no centro de todas as decisões económicas e políticas do estado?

Será que o socialismo falhou como falhou a descolonização da África, em que com o fim do colonialismo surgiu o neocolonialismo? Será que os socialistas são os neoabsolutistas?

Se não, onde terá falhado o socialismo, um sistema económico que prima acima de tudo pela inclusão, distribuição equitativa da riqueza nacional, tanto por via do trabalho, investimento, como das contribuições sociais.

Penso eu que, o socialismo terá falhado na distribuição do acesso a água, eletricidade e serviços de saúde, porque decidiu responsabilizar-se por completo. Apenas o Estado podia e pode produzir e distribuir água, electricidade, construir estradas e oferecer serviços. Esquecendo-se desta feita que um governo Socialista é deficitário e insustentável, porque tem mais custos do que receitas. Desde custo com o pessoal / recursos humanos, e apoios sociais o que em certos e muitos casos gera dependência, baixa participação fiscal pela inexistência de empresas produtoras de milhões em impostos, desvios de fundos públicos devido a insuficiência fiscalização, pois, não há privados no jogo. Ou seja, o "Poder" é o jogador e o fiscal, logo, se quem explora petróleo e vende é o Estado, quem o poderá fiscalizar?

Restam poucos recursos financeiros nos cofres do Estado e o que resta é aplicado em projectos eleitorais o que vai deixando a população pobre durante todo e em cada intervalo eleitoral.
Quando vemos empresas privadas, várias em regimes socialistas, devemos incluí-las ao grupo de empresas públicas se estas forem pertenças de pessoas politicamente expostas. Porque foram financiadas com fundos públicos sob vias suspeitas e acima de tudo, são

A ressurreição do capitalismo para o fim da pobreza no mundo, passa pela corajosa missão de criar instituições extrativas, inclusivas e políticas.

Antes de explicar o que cada instituição desempenha em uma sociedade com a missão de acabar com a pobreza no mundo, quero trazer para o livro a história de cinco jovens que viveram antes de conhecerem a morte, momentos mais angustiantes das suas vidas quando se viram presos em um viaduto de gasolina no fundo do oceano, após a falha de uma das válvulas que acabou por disparar corrente marítima e assim levá-los até ao interior do viaduto. Ali presos, após uma hora angustiante, um dos coitados conseguiu sair. Pois, por via da sua intuição decidiu nadar até encontrar a saída e porque também estava mais bem posicionado e mais próximo da entrada. No viaduto, os homens respiravam por meio de uma garrafa de oxigênio cada, que transportavam que segundo dados, após uma hora, os homens perderiam oxigênio.

O sobrevivente veio co seguiu salvar-se 45 meia hora antes do fim previsto do oxigênio na garrafa dos mergulhadores que estavam presos no viaduto. A empresa ou melhor as empresas donas dos viadutos, a empresa de manutenção e a empresa dona do petróleo, tinham apenas 30 minutos para tomarem a decisão de resgate o que era fácil do fazer, pois sabiam da localização dos corpos dos coitados mergulhadores.

do trabalho, investimento, como das contribuições sociais.

Penso eu que, o socialismo terá falhado na distribuição do acesso a água, eletricidade e serviços de saúde, porque decidiu responsabilizar-se por completo. Apenas o Estado podia e pode produzir e distribuir água, electricidade, construir estradas e oferecer serviços. Esquecendo-se desta feita que um governo Socialista é deficitário e insustentável, porque tem mais custos do que receitas. Desde custo com o pessoal / recursos humanos, e apoios sociais o que em certos e muitos casos gera dependência, baixa participação fiscal pela inexistência de empresas produtoras de milhões em impostos, desvios de fundos públicos devido a insuficiência fiscalização, pois, não há privados no jogo. Ou seja, o "Poder" é o jogador e o fiscal, logo, se quem explora petróleo e vende é o Estado, quem o poderá fiscalizar?

Restam poucos recursos financeiros nos cofres do Estado e o que resta é aplicado em projectos eleitorais o que vai deixando a população pobre durante todo e em cada intervalo eleitoral.
Quando vemos empresas privadas, várias em regimes socialistas, devemos incluí-las ao grupo de empresas públicas se estas forem pertenças de pessoas politicamente expostas. Porque foram financiadas com fundos públicos sob vias suspeitas e acima de tudo, são

mantidas com influências e dinheiro do Estado. Logo, são insustentáveis e inúteis para o processo de luta contra a pobreza.

A ressurreição do socialismo estaria por exemplo em relação ao acesso aos serviços de saúde e educação para todos, e gratuito como pregam, nas pessoas que forem eleitas para gerir as emoções e necessidades dos seus povos. Sentir com o outro, servir o povo antes de servir-se é uma habilidade que não se ensina na escola. Porque se reparar muito bem caro leitor, em volta dos países governos por socialistas, estará a olhar para jovens, adultos, cidadãos formados nas melhores universidade do mundo. São pessoas intelectuais que estudaram e estão rodeados por conselheiros formados em universidade em que os pobres povos socialistas jamais estudarão. Logo, a solução no socialismo é muito mais de alma do que de cérebros. Pois, estar e ser governado por quem não faz próximo de 60% do que prega, do que defende é um suicídio e apenas uma revolução para a salvação deste pobre povo.

CAPITALITAS

Quando convidamos ou elegemos capitalistas para acabarem com a fome no mundo, estes nos dizem que não teríamos feito escolha melhor porque o socialismo é um sistema falhado que não conseguiu superar o sistema que criticava porque o oprimia, ou seja, derrubou o opressor para oprimir. Burguesia.

Enquanto os socialistas não conseguiram até aos dias de hoje distribuir água, eletricidade, saúde para todos, por insuficiência de fundos por causa da facilidade e permissibilidade no desvio dos fundos públicos, por isso, em países como Angola existe inclusive, um programa do governo com vista a luta e fim da corrupção, o que têm maiores chances de falhar porque vemos o Estado a fiscalizar as ações do Estado.

No entanto, percebemos também em muitas economias declaradas capitalistas, um gritante vazio na distribuição de serviços básicos a todos, desde acesso a habitação, água, saúde, educação e inclusive proteção. Como capitalistas justificam?

Os capitalistas falharam por várias razões e menos agressivas as dos socialistas. Quanto aos serviços da saúde para todos, os capitalistas decidiram entregar as empresas privadas e estas empresas com foco único e indiscutível nos lucros, não exitam entre deixar a paciente morrer a porta do hospital a dar assistência medicamentosa porque o cidadão não tem seguro de saúde ou está desprovido de moedas para pagar a consulta. No capitalismo, primeiro paga e depois recebe assistência e porque o Estado é apenas o fiscalizador e não o benfeitor, cidadãos desempregados ou com custos de vida abaixo do que a cidade em que vivem exigem, precisam orar a todos os Santos para nunca ficarem doentes.

Há desempregados no capitalismo apesar da economia estar em alto aquecimento porque facilmente os colaboradores são descartados tanto pela tecnologia como pela baixa performance. Custo de vida alto em cidades capitalistas, não permite que cidadãos exibem mais de três meses em estado de desemprego. Outra questão suicida em sociedades capitalistas tem haver com os momentos de crise e recepção económica em que as empresas dispensam colaboradores "legalmente" o Estado assume apoio social, porque estes trabalharam, mas assume inclusive imprimindo moeda por causa da inexistência de bens o que gera inflação, desvalorização da moeda e desemprego em massa nos próximos dias.

O capitalismo é um sistema económico apenas perfeito quando a economia se encontra no seu estado perfeito e falha sempre que há uma falha de mercado ou crise. Nestas crises económicas em que os particulares deixam todas as responsabilidades nas mãos do Estado, obrigando-O a tomar decisões de curto prazo como imprimir moeda, recorrer a dívida interna e externa. Estas decisões, sempre e sempre têm consequências de longo prazo, como desemprego, desalojamentos, desvalorização da moeda, inflação, dívidas e êxodo de alguns quadros para outras nações.

A ressurreição do capitalismo para o fim da pobreza no mundo, passa pela corajosa missão de criar instituições extrativas, inclusivas e políticas.

Antes de explicar o que cada instituição desempenha em uma sociedade com a missão de acabar com a pobreza no mundo, quero trazer para o livro a história de cinco jovens que viveram antes de conhecerem a morte, momentos mais angustiantes das suas vidas quando se viram presos em um viaduto de gasolina no fundo do oceano, após a falha de uma das válvulas que acabou por disparar corrente marítima e assim levá-los até ao interior do viaduto. Ali presos, após uma hora angustiante, um dos coitados conseguiu sair. Pois, por via da sua intuição decidiu nadar até encontrar a saída e porque também estava mais bem posicionado e mais próximo da entrada. No viaduto, os homens respiravam por meio de uma garrafa de oxigênio cada, que transportavam que segundo dados, após uma hora, os homens perderiam oxigênio.

O sobrevivente veio co seguiu salvar-se 45 meia hora antes do fim previsto do oxigênio na garrafa dos mergulhadores que estavam presos no viaduto. A empresa ou melhor as empresas donas dos viadutos, a empresa de manutenção e a empresa dona do petróleo, tinham apenas 30 minutos para tomarem a decisão de resgate o que era fácil do fazer, pois sabiam da localização dos corpos dos coitados mergulhadores.

O único problema para a tomada urgente da decisão de resgate e assim salvar a vida dos mergulhadores era o dinheiro. Quanto custaria o resgate e como dividiriam os custos. Sabia-se de antemão que o custo da indeminização as famílias se deixassem os jovens morrer era muito menor ao custo financeiro para a reposição do viaduto.
Ou seja, para que os jovens fossem resgatados, a via mais segura era quebrar o viaduto.

Mas os custos de reparação, reposição do viaduto era tão caro, desde tempo e dinheiro que os donos das empresas, decidiram deixar os coitados morrem, apodrecerem ali, algum dia serem retirados, quando o nível do mar baixar, do que partir o viaduto, salvar as suas vidas e gastar de seguida 5 milhões de dólares para a sua reposição. Segundo dados, a indeminização custaria apenas 400 mil dólares a cada família, enquanto a destruição do mesmo custaria 5 bilhões de dólares, logo, para o capitalista exacerbado, desde que este não seja meu filho, meu corpo, deixar eles morrer, foi a melhor decisão.

No capitalismo de hoje, por isso, está impossível acabar com a fome, o dinheiro vale mais que a vida de qualquer ser humano.
Estava eu a escrever antes desta triste passagem, que a ressurreição do capitalismo passará pelo nascimento das três instituições revolucionárias para a

transformação de qualquer economia. Escrevo sobre as instituições inclusivas, extrativas e as políticas.

Entre as três, vale antes de tudo, garantir a separação das mesmas porque o que vemos hoje nas economias pobres e ricas em vota do globo, são as intuições políticas engolirem as extrativas e as inclusive serem completamente esquecidas durante os quatro ou cinco anos e lembradas apenas em período eleitoral.

Instituições extrativas são todas as empresas públicas que geram receitas para o Estado, que são fontes de rendimento para o governo, como aquelas que recebem os impostos, os bancos, as empresas públicas de exploração de minerais, distribuição de água, energia, produtivas de bens e serviços, ou seja, todas empresas do Estado que passam recibo e factura.

As intuições políticas são os órgãos públicos como os poderes judiciários que vêm a ser os tribunais e seus juízes, o poder legislativo que são os deputados e toda sua base de custos e o poder executivo que são o presidente, seus ministérios, incluindo empresas públicas, se acreditarmos que estas empresas pertencem aos ministérios.

Já as instituições inclusivas são as escolas porque juntam crianças ricas e pobres, inteligentes e não, com deficiência e atraso motor, todos seres humanos nacionais e estrangeiros sem distinção alguma, são acolhidas e abençoadas com conhecimento ilimitado e reprodutivo. Dentro das instituições inclusivas, encontramos os hospitais com seus técnicos nacionais e estrangeiros, cheios de amor no peito, espírito de missão, entrega para prevenir, curar, tratar e ensinar.

Existem também os centros de estudo e desenvolvimento e é destes centros que também são públicos, onde saem jovens que desenvolvem armas para o exército e assim armam a nossa defesa nacional, vacinas e medicamentos para possíveis males a saúde das populações, desenvolvem tecnologia aplicada a informática, robotização, construções, segurança públicas. Encontramos também os centros de acolhimentos para crianças abandonadas, velhos, refugiados e outros seres humanos que precisam de algum ajuda material ou emocional.

A existência e funcionamento destas instituições são indispensáveis e mais do que elas existirem e funcionarem, é serem independentes. Porque quando o são, cada estará focada nas suas obrigações. Quando o Governo tem poder sobre as instituições viverá focada nas receitas apenas nas receitas e esquecerá das suas obrigações que são de fazer funcionar as intuições inclusivas e políticas.

O capitalismo falhou porque enquanto em alguns países o governo engoliu as instituições extrativas e perdeu-se por dentro apesar de a ter engolida, porque está apenas focada em desviar os fundos das instituições extrativas para as contas das pessoas do próprio Estado/instituições políticas, as inclusivas vivem mendigando por apoio financeiro público e recebem apenas em cada cinco anos.

Em outros países o capitalismo falhou porque não instituiu as inclusivas, pois considera-as actividades dos privados. Por sua vez, enquanto privados procuram por financiamento, os cérebros nacionais mais atentos vão emigrando e outros morrem de desgosto do governo que os administra.

Em sociedades perfeitamente capitalistas, o poder político com a consulta dos especialistas vários, desenha o plano de desenvolvimento segundo as necessidades vinda de baixo, ou seja, a população apresenta as suas prioridades, estas são entregues aos dirigentes locais. Por sua vez, o poder político central, traça o plano de desenvolvimento dos próximos 5 anos de governação, com objectivos de cumprimento anual inserindo no Orçamento Geral do Estado. Este documento elaborado pelo poder político / ministros e aprovado ou não pelos deputados, é entregue ao poder extrativo, ou seja, é enviado ao poder extrativo (ministério das finanças) que por sua vez apesar de pertencer ao poder político, é independente porque mantêm relações directas com o Banco Central que também é independente, com as empresas públicas que são independentes e com as empresas privadas, porque arrecada impostos.

Este exercício de independência é necessário para que o Estado consiga desempenhar sem interferências o seu papel de fiscalizador. Em sociedades perfeitamente capitalistas, o Estado cumpre com rigor o seu papel de gestor, isto é, definir prioridades de investimento, fiscalizar, defender os interesses económicos das famílias, porque os privados não podem dominar o mercado a ponto de violarem todas as fronteiras económicas como monopólio, assimetria de informação, externalidade, inflação.

A mão do Estado na economia será de proteger os empresários fazendo com que paguem impostos justos, sejam protegidos pela lei, tenham segurança física e dos seus meios de produção, acesso ao empréstimo em programas de financiamento pelo Estado e claro, beneficiar da influência do governo para que possam investir em países estrangeiros ou acelerar o investimento privado ou público estrangeiro.

A ambição pelo lucro pode levar as empresas privadas a danificarem o ambiente, poluindo e produzindo ruido. Para parar esta desordem, o Estado aparece com a sua mão protetora exigindo multas milionárias a estas empresas. Ademais, o que um bom capitalista não está disposto a pagar são multas. Não se pode estar cego aos monopólios que acontecem pela dominação do mercado por meio de preços muito baixo matando assim a concorrência. Como exemplo, existiu em um país em África em que uma empresa privada que beneficiava da influência do Estado, porque pessoas politicamente expostas tinham ações nesta, comprava toda produção agrícola aos pequenos camponeses antes mesmo da colheita, como que se estivesse no mercado de futuro. Quando chegar por exemplo a colheita do milho a nível nacional, esta empresa recolhia todo o milho. Fazendo com que quem quisesse no país comprar milho, tinha de comprar apenas no mercado secundário que era apenas um agente e por sua vez, esta mesma empresa, transformava o milho e diversos produtos acabados como bolo, pão, fuba, ração e mais e claro, vendia a preço muito competitivo o que acabava por afastar toda concorrência, tornando-se assim um monopólio aos olhos do Estado.

As assimetrias de informação são um dos cancros das sociedades imperfeitamente capitalistas, porque precisam de manter certas informações relevantes apenas com eles para que a concorrência não os ultrapasse. Em economia, a informação é uma ferramenta de investimento. Logo, algumas empresas beneficiam de informação privilegiada sobre acesso ao crédito, taxa de cambio futura, planos do governo, recebem as notícias, mesmo antes de serem anunciadas, sem contar com o facto de existir o problema de o Estado deter conhecimento e informação, mas que não distribui porque não os apetece construir escolas e formar professores.

Afinal, cérebros são um atentado ao desenvolvimento económico para qualquer economia. Como já teremos percebido, a diferença entre os países ricos e pobres está na quantidade e qualidade dos seus cérebros, não apenas disponíveis no mercado como acontece em muitos cantos da África em que os jovens terminam a formação, mas nunca aplicam o que aprenderam por falta de emprego, mas jovens, ou seja, cérebros formados e no mercado a produzirem riqueza. Pois a riqueza é fruto do trabalho, trabalho especializado e acima de tudo trabalho remunerado. Se reparar caro leitor, os melhores cérebros do mundo emigram sempre para as melhores economias, como Estados Unidos da América, Europa com foco na Suíça, Alemanha, Luxemburgo e até França, tudo em busca de melhores recompensas. Estes países pagam salários altos, porque perceberam que esta é a fórmula para ter os melhores cérebros do mundo e quem tem os melhores cérebros do mundo estará sempre a liderar o mundo. Os melhores cérebros do mundo são formados nos países perfeitamente capitalistas, porque apenas estes países perceberam a relevância dos cérebros para o desenvolvimento de qualquer economia.

Vale aqui sublinhar, que custa muito barato pagar salário alto aos melhores cérebros em função da riqueza que proporcionam a cada hora de trabalho, por isso, as suas horas são mais caras.
Quando um empresário se recusa a pagar salários competitivos, de certeza não tem ainda esta capacidade de pagamento, ou não percebeu o poder de ter do seu lado o melhor cérebro. Se viajamos para o mundo do futebol perceberemos que quanto mais jovem e craque for um jogador, mais caro este custa e hoje com as Mídias

sociais, o valor triplica. Para as empresas em que este exemplo não se aplica, salário alto leva aos colaboradores ao sentido de pertença e consequente produtividade.

Nas sociedades perfeitamente capitalistas sociedades a formação é gratuita desde a base para que todos possam ter acesso a formação e assim, quanto mais jovens formados, mais é a disputa pelas mesmas funções o que dará as empresas a oportunidades de ver muitos cérebros a busca do mesmo emprego e assim escolherem os melhores e consequentemente dará ao Estado a oportunidade de ver imensos cérebros formados sem emprego. Neste, entretanto, o país perfeitamente capitalista, sabendo da capacidade intelectual e moral dos seus cidadãos, apresenta programas de bolsas de empreendedorismo, por meio de incubadoras de empresas, financiamento e isenção de impostos e juros para os próximos 12 meses. Com mais empresas no país não só surgem mais emprego, mas acima de tudo, mais receitas para o Estado por meio dos impostos, taxas de juros e competitividade com o resto do mundo.

A formação gratuita nos países perfeitamente capitalista é auto financiada. Os jovens hoje formados e financiados em programas competitivos e transparentes, pagarão os próximos formandos por meio dos seus impostos e taxas de juros advindas dos seus empréstimos. Os países perfeitamente capitalistas levam muito a sérios planos de longo prazo. Evidentemente, perceberam desde cedo valores como paciência e perseverança.

O que vemos em sociedades imperfeitamente capitalistas, é o Poder, dominando instituições extrativas alocar fundos vários as empresas das pessoas politicamente expostas, em desenvolvimento tecnológico de determinado sector estratégico como o sector da defesa. Por isso, conhecemos países militarmente avançados, mais com o resto dos sectores da economia completamente parados no séc. III. Vemos solicitação de empréstimo à fundos estrangeiros geralmente, alocados em lugares que o povo desconhece. O dado curioso aqui é que nestes países o Estado busca apenas crédito a outros Estados ou instituições públicas estrangeiras com dois objectivos. Se pedir a nível doméstico, será obrigado a pagar as taxas de juro e o valor em tempo exacto de formas a evitar contestações. Porque ao povo podes não dar educação, saúde e salários ou emprego, mas nunca devas dinheiro porque serás deposto. Logo, a venda de título do tesouro nestes países parece sempre inexistente, agravado ao problema de as famílias nestes países não disporem de fundos e conhecimento para investir. Enfim, a pobreza não as permite poupar.

Quanto aos empréstimos ao estrangeiro, aproveitando-se da assimetria de informação e do nível da educação das famílias, muitos não terão conhecimento e porque os cargos políticos são ciclos, as dívidas publicas são solidárias, ou seja, deve o Estado, devem todos os cidadãos mesmo que as populações não saibam das suas dívidas ao estrangeiro, elas pagarão. Pagarão com impostos no próximo governo ou com o desvio das atenções do Estado em relação aos problemas domésticos porque O Estado tem de pagar as dívidas com todas as moedas que receber do seu orçamento geral, de formas a evitar entrar para a lista vermelha dos países devedores. Para limpar o bom nome do governo imperfeitamente capitalista, este será capaz de ignorar todos os gritos internos para pagar dívidas. Alguns endividam-se para pagar dívidas e colocam em contra check, a exploração de recursos naturais. Esta última hipoteca tem custado a vida de muitos cidadãos. Pois, uma vez dada a autorização de exploração de recurso naturais para o pagamento da dívida, o estrangeiro explora sem respeito as questões ambientes; polui rios e mares, explora toda fauna e marítima, desaloja famílias e claro compromete o futuro do país, quando deixa zero reservas naturais para as futuras gerações. Afinal, quando a exploração é totalmente estrangeira, quer dizer que neste país há fome nos cérebros. Logo, quem for o fiscal enviado pelo Estado para averiguar o cumprimento das proibições e limites, na exploração de recursos, facilmente será aliciado a receber uma luva e assim tornar-se cego e surdo ao que viu e ouviu. Ademais, está em um país em que cada um salva-se e come lá onde estiver amarrado.

O sentido de pertença e comprometimento com o presente e futuro do país, não tem morada em países de capitalismo político. Todavia, o grave desta situação sociopolítica e económica, é que estes cenários do se salva quem puder e como conseguir, leva gerações para ser corrigida.

Em suma, os capitalistas são indispensáveis nas sociedades perfeitamente capitalistas e são um cancro nas sociedades de capitalismo político. A China com a sua taxa de desemprego em volta dos 5% em Julho de 2024, Singapura com 1.9%, apesar de custos de vida alto nas suas capitais, são exemplos de capitalismo perfeito. Pois o Estado investe nas instituições inclusiva como indústria bélica, tecnologia / carros, telemóveis, avião e produção de bens acabados de uso doméstico. Angola, Tanzânia, Botswana e Ethiopia com taxas de desemprego para julho de 2024 em volta dos 32%, 8%, 26%, e 24%, respetivamente. Figuram na lista dos países em capitalismo político, ou seja, onde as instituições políticas dominam as instituições extrativas e as inclusivas recebem grande atenção apenas em fase eleitoral, o que não gera frutos, porque as instituições inclusivas só funcionam quando são levadas a sério com planos de longo prazo, mas acima de tudo, planos aplicados em cada dia da economia. Sem promessas. Apenas com execuções.

POR QUE O GOVERNO NÃO IMPRIME MAIS NOTAS PARA DAR AOS POBRES?

Já o faz só não entrega aos pobres.
Se imprimir e dar aos pobres, em menos de um mês, todo dinheiro volta para as mãos dos ricos. Os ricos têm as empresas que vendem bens e serviços. Pobre adora comprar. Comprar tudo aquilo que sonhou algum dia ter.

Se imprimir e dar aos pobres, em pouco tempo tudo passa a custar 1 milhão caso o governo dê a todos 1 milhão. Como consequência ninguém vai querer trabalhar para produzir bens e serviços e com isso, todos morremos de fome porque não vai tardar para faltar o que comer, energia, água, internet e tudo que é preciso mão do homem para chegar as nossas casas.

No entanto, por que o governo não imprime pelo menos dinheiro para cobrir os impostos assim nenhum trabalhador pagaria mais impostos? de facto a pergunta tem lógica. Entretanto, pagar impostos e punir fuga ao fisco é também uma forma lógica de obrigar todos a trabalhar e também de controlar que a quantidade de bens e serviços na economia seja igual ao dinheiro disponível, mais uma vez para evitar a deflação ou a inflação. Porque se o Governo imprimir dinheiro para os pensionistas, custos com a função pública e investimentos públicos, o que vai acontecer na economia é que haverá em poucos dias mais dinheiro na economia do que bens e serviços e com isso, a inflação com a inflação constante, a moeda perde valor. Um país com moeda sem valor ou desvalorizada é sinónimo de crise financeira e económica nacional. Infelizmente apenas o trabalho equilibra qualquer economia. No entanto, por que o Governo não dá trabalho a todos e assim evitamos a desvalorização da moeda e a pobreza mundial?

Porque o Estado deve garantir o que estas pessoas vão fazer e o que estas pessoas vão fazer tem de corresponder as necessidades das famílias ou seja o que as famílias procuram ou seja segundo as necessidades diárias das famílias por isso, existem fábricas de pão, restaurantes, colégios, clínicas, agências de Marketing, porque são trabalhos que as famílias procuram.

O Estado não consegue garantir todos estes trabalhos, porque não os precisa e acima de tudo, Este é um agente deficitário, ou seja, não é omnipresente nem tão pouco omnisciente. Para isso, precisa-se dos privados até porque o Governo não pode ser o dono de tudo de contrário estaríamos em um sistema comunista ou no capitalismo político, termo que explicarei nas próximas páginas. Mesmo em sociedades em que o Estado é comunista, os ricos não existem para combater a pobreza por meio do emprego.

Voltando a pergunta inicial o Estado precisa dos empresários privados para o ajudarem a responder as necessidades das famílias por meio da criação de empresas várias em que cérebros nacionais ou internacionais consigam identificar faltas e falhas na sociedade e assim, com estas falhas e faltas, responderem as necessidades, gerarem emprego, reduzirem a pobreza, ganharem dinheiro e tornarem-se ricos quando os seus negócios são escaláveis, ou seja, quando conseguem multiplicar a produção respondendo a procura ou promovendo a procura dos bens e serviços que produzem.

Acima escrevi empresários privados, até parece redundâncias, mas não, porque em muitas sociedades, o empresário é um agente público o que gera improdutividade e consequente aumento da pobreza no mundo devido a desigualdade que este comportamento ou cultura empreendedora gera.

Capítulo III

DESAFIOS GEOPOLÍTICOS

Se não foi você, de certeza já ouviu alguém dizer que gostava de ter nascido em outro país, ou gostava que o sistema político no seu país ou pelo menos o líder político fosse diferente.

A afirmação acima, presente nos pensamentos de muitos cidadãos, é justa porque a geografia nos mostrou que há países com mais recursos naturais, desde relevo, mineiros, clima, terras cultiváveis, inclusive beleza. Afinal, quem gostava de viver em um país totalmente desértico, seco, sem mar e com rios intermitentes? Quem gostava de viver em um país em que o sistema político é burguês, autocrático, seletivo onde as pessoas do e no governo foram escolhidas segundo laços consanguíneos e parentesco. Onde a capacidade intelectual e a nacionalidade são os últimos factores a serem requeridos na seleção de quadros para a função pública, cargos de direção pública e nas empresas privadas que por pecado pertencem a classe política burguesa?

Os desafios geopolíticos são domésticos e internacionais, quando vemos nações a serem sancionadas por defenderem ideologias políticas, económicas e religiosas diferentes.

A corrida para o desenvolvimento económico e bem-estar social é injusta e renhida. Porque para os economistas - não há almoços grátis, para os políticos – não há favores apenas interesses, para os religiosos – Deus deve olhar apenas para as nossas orações, para as famílias – neste mundo safa-se quem puder, por isso, vou tirar tudo que poder agora para o bem da minha família.

Parece-me que ninguém está para as populações das nações frágeis providas da opressão dos seus próprios líderes, porque esses líderes têm interesses comuns, aos grandes das nações. Parece-me que ninguém está para os problemas climáticos nos países pobres, como o desmatamento, desalojamento, poluição do ar e das águas, porque nos solos destes países existe recursos naturais raros como cobalto para a promoção e alimentação da economia "verde", pois, o mundo precisa de consumir gasóleo para reduzirmos os impactos das alterações climáticas no globo, com maior realce nos países pobres, no mesmo momento em que se desalojam famílias das regiões que albergam tais metais, acabando estas por viverem ao relento protegidas por casas de chapas.

Os ricos não conseguem acabar com a pobreza no mundo porque os desafios geopolíticos remam contra eles mesmos.

Não há empresas de produção de energias renováveis, sem desalojar famílias e se as comprarmos casas, ficaremos com menos lucros e se não as alojarmos, nada nos vai acontecer porque temos os governos dos seus países nos nossos bolsos.

Não há água potável nos países pobres, porque existem imensas indústrias estrangeiras e até nacionais a operarem nestes países. Sem piedade expulsam as águas contaminadas nos rios e mares. Não há dinheiro para reciclagem, muito menos para gastar com ambientalistas e toda sua máquina. Até porque não há fiscalização por parte do Estado e não há, porque as pessoas do Estado são nossos sócios e sabem quão gastos com questões ambientais podem ferir os nossos lucros. Quanto as famílias que usam as águas impuras, não são nossos familiares e nós não vivemos nos arredores das nossas fábricas, muito menos em bairros com esgotos a céu aberto.

O desafio geopolítico passa também pelo domínio intelectual, Rousseau fala na obra The social contract, sobre como a informação é manipulada pelos intelectuais da política de formas a colocarem o povo do seu lado. Por exemplo no caso das guerras entre nações, em casos de invasões internacionais ou na defesa de algum território, para se convencer tanto a opinião pública internacional, nacional e dos jovens para irem à luta é necessários ensiná-los o patriotismo e o nacionalismo e não a filosofia. Porque com o patriotismo os jovens aprendem a amar e defender a terra dos seus pais ou em que nasceram com dentes e unhas. Já se lhes ensinassem filosofia, questionariam porque têm de dar a vida pela terra dos seus pais ou em que nasceu se ele pode viver em outra parte do mundo e por que quando há conflitos apenas os jovens mais desfavorecidos vão ao campo enquanto os políticos e seus filhos são protegidos?

O discurso e o ensino são protegidos em função do que os líderes desejam defender. Porque vale dizer caros jovens se vocês não defenderem a terras dos vossos pais como eles a defenderam por vocês, ninguém mais a defenderá, logo, vocês e aos vossos filhos ficarão sem terra. Pois, alguém precisa dar a vida pela terra para que continuem no poder e muitas das vezes para apenas pilhar o país.

Assim como os líderes das nações protegem certas informações dos seus povos, as nações mais avançadas intelectual e tecnologicamente, escondem informações das outras para que continuam as dominar. Claro, enquanto houver necessidade de dominação, jamais a pobreza acabará no mundo. Porque para que a pobreza acabe, todas as nações devem ter acessos as mesmas informações e recursos de produção sobre todos os níveis o que no mundo real é inatingível, devido a ganância humana, geografia, e a necessidade de dominação. Afinal, se formos racionais, perceberemos que o sentido de dominação é necessário para que existam líderes nas famílias, nações, no planeta, afinal, apenas da liderança e ou chefia, nasce a organização.

Mesmo que tenhamos o cuidado para não confundirmos dominação da liderança, quem lidera precisa de ter acesso a informação privilegiada, factor de chefia (por que eu devo te obedecer: poder, dinheiro, influência, ...). O ser humano é movido por recompensas, por isso, obedece apenas, aquele que tem algo para lhe oferecer. Assim os filhos obedecem aos pais, a mulher ao esposo, os alunos ao professor, os trabalhadores ao chefe, os deputados ao líder do partido e ...

No mundo real a liderança é dominativa, assim como as relações internacionais entre Estados é dominativa, afinal, quantos governos submetem-se a outros para conseguir o que desejam. A liderança desanexada da dominação é ilusória. Porque todos nós nos deixamos liderar quando tempos proveitos a receber, assim como também nos deixamos dominar quando temos proveitos por receber, apesar, escreve-se de passagem, que quando o ser humano é dominado em situação onde nada tem a receber, está em presença da escravatura. Pois, a dominação costuma ser consentida ou inocente por parte do dominado. É inocente quando estamos em presença da ignorância provocada, quando eu não quero que saibas de algo para que eu não perca o domínio sobre ti ou a liderança. Afinal, muitas das vezes só aceitamos certos líderes em função da nossa ignorância.

O desafio geopolítico para o fim da pobreza no mundo e em África em particular é muito mais renhido do que possamos imaginar, porque poderá ferir imensos egos. Egos alimentados pelo poder. Quero aqui escrever que a luta deverá iniciar pela base e consequente partilha do poder. Qual líder africano está neste momento disposto a partilhar o poder?

Os objectos da maior organização política e económica da África, União Africana, são dos mais nobres que pudéssemos ler:

- Promover a Unidade
- Solidariedade entre os africanos
- Paz em todo continente
- independência e direitos humanos
- Livre comércio e circulação entre africanos
- Fim do neocolonialismo

Todos os objectivos acima apresentados existem desde 1963 aquando da fundação da organização. Alguns foram introduzidos em 2002 com o fim da Organização para a Unidade Africana e consequente surgimento da União africana.

Voltando ao tema deste capítulo, os desafios geopolíticos para o fim da fome no mundo, passaria pela fiscalização de Estados para Estados, o que não funcionaria por causa da lei internacional sobre o respeito a soberania dos países e a não intromissão em assuntos internos de outros países. Lei que é respeitada apenas quando interessa.

Logo, para o caso da África, o desafio passa pela coesão na base. Os africanos precisariam de se unirem pela base, ou seja, unidade nos bairros. Espírito de partilha, cooperação e livre circulação, o desejo de melhor serem governados, o desejo de crescerem juntos, da criação de cooperativas de educação, produção, segurança - desde a base e claro, com a criação de autarquias locais independentes do ponto de vista financeiro, jurídico e político. Implementação de um idioma de unidade entre os países e uma para o continente. A unidade na base dos países gerará unidade nacional e consequente, vontade de unir as fronteiras entre países africanos. Atenção! que para isso, seria necessário desenvolver um sistema eleitoral robusto nas bases - municípios e países. Quando as eleições em África serem justas, acabarão os hegemónicos partidos Estado e seculares. Lá onde há cultura de manipulação dos resultados eleitorais jamais haverá unidade e fim da pobreza. Porque não me lembro de existir um governo mais tirano do que aquele que manipula resultados eleitorais. Este governo, jamais vestirá a camisa para a luta contra a verdadeira pobreza.

O desafio geopolítico da própria África para acabar com a pobreza, passa em transpor barreiras políticas no continente onde neste exato momento, decorrem guerras entre nações devido ao domínio de terras de todos que deviam gerar riqueza para todos.
Para piorar o desafio, as lutas armadas em África tornam-se um gigante problema geopolítico porque muitas guerras no continente, alimentam outras economias por via da compra de armamentos e da venda de recursos naturais em estado bruto e a preço de "banana".

Os recursos naturais africanos em contexto de conflitos são vendidos mais baratos e em estado bruto, porque a guerra não permite o nascimento de indústrias, muito menos discussão nos preços, devido a urgência em obterem recursos finais como armamento. Afinal quem está em conflito não pode ficar sem stock logístico bélico e alimentar.

Logo, por qual motivo, grandes fabricantes de armas e potências industrializadas desejarão o fim dos conflitos e pobreza em Africa se esta alimenta suas economias e as torna mais poderosos e distantes da África quanto a hegemonia política e económica?
Como consequência do processo, estes mesmos hegemónicos países, fundam Organizações não governamentais que vão realizando doações aos pobres países africanos o que aumenta a sua autoridade sobre a África. Quem te doa, torna-se teu superior e tu ficas com a dívida moral, como que se fosses o culpado pela tua pobreza.
Alguém diria que os africanos não são crianças, compram armas e matam-se porque adoram o poder, mesmo que os europeus e americanos não os vendessem armas, continuariam a matar-se porque haveria sempre alguém disposto a vender armamento. Verdade. Haverá sempre alguém a vender lenços. O mundo está hoje dividido por três regiões fortes e dispostas a vender armas a quem precisar. Logo, a solução para a solidariedade entre os

africanos, deverá vir da própria África, como assinado na lista dos objectos da própria UA.

Capítulo IV

CAUSAS DA POBREZA NO MUNDO

A ORDEM MUNDIAL DA POBREZA

Mantê-los pobres e famintos para os dominar, afinal, um homem com fome não pensa direito, vive ansioso da próxima refeição ou com medo de não ter o que comer.

A afirmação de que exista um projecto de dominação, formada pelos diferentes líderes das diferentes ordens mundiais, que visa manter os pobres sempre pobres e assim facilmente os dominar, é secular.

Acredito na ideia de que as forças que nos movem para atingirmos os nossos objectivos são tão egoístas que muitas vezes não nos permitem observar o sofrimento dos outros. Acredito que as vezes precisamos de ser egoístas para que alguns continuem ignorantes para que consigamos ganhar mais, nos manter, reinar, dominar e atingir a ilusória realização humana voltada a posse do ilimitado saldo bancário.

Quero com o texto acima dizer, não me pareça que os ricos e poderosos tenham por unanimidade, um programa de dominação e sofrimento aos pobres, eles apenas nada fazem para que os que sofrem da doença da fome e ou ignorância, consigam sair da situação. Ou seja, não fui eu que te coloquei ali, por isso, tenho obrigação alguma. Até porque também eu ali já estive e consegui sair.

Por isso, muitos dizem: se eu consegui tu também consegues. Não concordo com a frase escrita a pedaços. Pois, somos também frutos das oportunidades que nos surgiram, ensinamentos que recebemos, lugar e família em que nascemos. Muitas das vezes é o que nós vemos, ouvimos e sentimos que muda o curso da nossa história.

Alguns apontam os governos como sendo os culpados pela miséria no mundo. O que na primeira análise nos parece evidente porque se há países ricos, com taxas de desemprego abaixo dos 4% como acontece na Suíça, Andorra Singapura, e na Tailândia, é evidente que se os esforços ali empreendidos forem aplicados em países com maiores taxas de desemprego, abandono escolar e mortalidades infantil galopantes, também atingirão tais resultados.

A culpa foge ao governo quando este diz nos corredores que cada povo tem o governo que merece e ao escolherem o líder e governo que elegem, escolhem consequentemente o seu modo de vida nos próximos anos. O governo ainda acrescenta em sua defesa dizendo que se nós já liberamos a economia, demos a todos o direito de serem ricos, por meio do sistema económico liberal e capitalista, as famílias, é que desde então, devem usar a força da mão invisível, ou seja, da necessidade individual de ter e ser mais para si e para os seus filhos para atingir os objectivos financeiros e económicos e assim, ajudarem a economia do pais a florir, pois, para o governo, são as famílias que devem gerar riqueza e assim enriquecerem o governo e não o contrário.

Por sua vez, as famílias atiram a culpa da situação de pobreza que se vive ao governo por Este não os garantir serviços básicos como educação e saúde para que por meio destes dois pilarem, poderem tornar-se donas dos seus próprios destinos. O governo alega haver escolas e hospitais e que as famílias é que são de facto preguiçosas porque preferem viver de ajuda do Estado para tudo. O Governo vai mais longe ao chamar de frustrados e marginais todos os jovens que enveredaram para a criminalidade por falta de oportunidades de inserção profissional e social.

Enquanto os jovens dizem que não encontram motivos para viver, para permanecer no país, pagariam um rim para deixar o país, o governo diz que se sente abandonado pelos seus jovens porque estes sabem apenas reclamar e nada fazem para ajudar o país e que se os perguntarmos o que vocês jovens estão dispostos a fazer pelo nosso país, são capazes de dizer: precisamos de emprego e de preferência na função pública. Ou seja, estes estão apenas dispostos a receber do Governo e nada têm para dar. Os jovens ao ouvirem estas palavras do líder da nação, não acreditam em tais acusações e outros acusam de demência governamental e pedem a todo executivo para se demitirem.

Nesta novela, o Estado não sente a obrigação de acabar com a pobreza e os jovens dizem nada poderem fazer para acabar com a pobreza. Pois, o "Poder" está com todos os poderes.

Os jovens olham para as Instituições extrativas, como escrevi no passado, o conjunto de instituições públicas e privadas que contribuem para as receitas do Estado, acusam-nas de nepotismo por empregar e promover apenas pessoas do ciclo. Acusam instituições extrativas de consumidas pelo poder político. Dirigentes das instituições extrativas nada dizem, por razões que ninguém sabe. Jovens sentem-se traídos e vendidos aos acordos milionários com empresas estrangeiras. Os jovens mais esclarecidos preocupados com a miséria galopante e com o futuro dos seus irmãos e filhos, perguntam aos dirigentes das instituições inclusivas aquelas que recebem cérebros para os cuidar e educar, porque não há medicamentos e mais hospitais, escolas competitivas e professores? Diretores destas instituições, sem respostas, ou melhor, têm respostas, mas nada podem dizer, porque têm dívidas ao poder político.

AS BASES QUE SEPARAM
OS RICOS DOS POBRES

A Yolela vive na cidade capital do seu país. Zona urbana. Por falta de transportes públicos, seus pais não têm carro e por viver em uma zona de difícil acesso, apesar de ser na cidade capital do país, nasceu em casa, com ajuda de uma parteira experimental. Viveu os seus últimos 12 meses após o nascimento em casa. Para os seus pais, ela nunca precisou de ir ao médico porque nasceu saudável. Foi assim que a Yolela por inocência dos seus pais e pela cultura vigente no seu bairro em que era normal realizar partos em casa, a menina, não recebeu vacina alguma. Esquecendo-se de que se tivesse nascido e vivido no interior do país poderia talvez não ter contraído vírus presentes em zonas urbanas. A linda menina contraiu uma doença que teria sido evitada se tivesse apenas tomado uma vacina. O vírus deixou-a com certa incapacidade motora o que a coloca atrás de muitas meninas da sua idade. Logo, a saúde é a primeira base que separa os ricos dos pobres. Desde o acesso aos serviços, a qualidade e a capacidade dos hospitais responderem a incontáveis enfermidades.

O jovem Yolela nasceu em uma época em que no seu país havia uma taxa de desemprego estrutural em volta dos 3%. Taxa aceitável em qualquer economia porque corresponde ao tempo em que um cidadão transita de um emprego para o outro, tanto de forma voluntária ou por demissão. Em economias perfeitas as pessoas demoram em média 15 a 30 dias para conseguirem o próximo emprego. Era esta a realidade do país em que o Yolela nasceu. Tudo porque a economia do seu país estava em alto aquecimento devido a produção em todas as suas indústrias desde serviços e de bens. Por meio do compromisso de reforma industrial, governantes do seu país por compromisso único decidiram 15 anos antes do seu nascimento, transformar o país na maior potência global. Já do outro lado do mapa nasceu a Yolela em um país com onde a taxa de desemprego estava em volta dos 90%. O destino para os dois cidadãos estava traçado.

    O Yolela de certeza terá emprego tão logo decida trabalhar, consequentemente formar a sua poupança e empreender nos próximos e assim participar do programa nacional do seu país com vista ao aumento da riqueza nacional e condições melhores de vida aos seus concidadãos. A Yolela terá de mergulhar para o mercado informar e de lá trabalhar para comer até que caia sobre ela um raio de conhecimento em finanças pessoais e assim aprender a poupar para nos próximos anos poder investir em si, nos seus, com vista a começar a caminhada para a liberdade económica da sua família. Facto que tem aproximadamente 99% de probabilidades de acontecer. Logo, o emprego é a segunda base que separa os ricos dos pobres.

Todos os partidos têm uma cultura governativa. Inclusive nos reinados existem culturas. A cultura de um povo é o conjunto de manifestações que os identificam desde danças, gastronomia, idiomas, educação, perspectiva sobre vários temas, religiões, etc. Os partidos que governam estes povos têm a sua cultura que vem a ser a forma de gerir, administrar o povo. Os hábitos dos seus governantes, militantes, uniformes e mais. Logo, os hábitos dos governantes do partido que nos governará definirá a forma como eles hão de lidar com fundos públicos e consequentemente afecta das suas decisões económicas, financeiras e sociais na vida dos seus habitantes. Desta feita, a cultura política em um país, vem a ser nesta obra a terceira base que separa os países ricos dos pobres e claro, as classes sociais que estes governantes conseguirem formar. Porque vale-me lembrar que quando o povo tem uma cultura política activa, não permitirá de forma alguma ser governado por governantes tiranos. Se a cultura política do povo for passiva, estes terão de lidar com a frase "cada povo tem o governo que merece".

Todos nós precisamos de apenas uma oportunidade e que esta nos encontre no momento certo. Sei que o momento certo deve ser cultivado por nós todos os dias, ou seja, precisamos de nos preparar para quando a oportunidade chegar. O jovem, o país, o pai, a mãe, precisamos saber que ferramentas precisamos para atingirmos os nossos sonhos e assim, irmos nos munindo com estas armas, aproveitando tudo que temos em nossa volta.

Acredito que muitos talentos fracassaram por falta de oportunidades.

Outros perderam oportunidades porque não se prepararam. Como me preparar se nasci órfão de pai, mãe e governo? Perguntou-me o jovem roboteiro, que labuta no mercado informal para alimentar-se a si e a sua mulher grávida, que juntos chegaram do interior do país em busca de melhores condições. Pois, lá no interior não há colheitas porque a chuva parou de cair e os preços dos fertilizantes estão para agricultores industriais. Sem resposta para lhe dar, olhei para o céu e pedi a Deus para que enviasse um raio de conhecimento financeiro de Salomão presentes nos livros de Eclesiastes e provérbios, saúde a sua família para que por si próprio possa conhecer a sua estrada. Escrevo esta resposta porque nem todos estão preparados para ouvir conselhos de um simples economista que tem apenas conhecimento para oferecer.

Também acredito que muitos nasceram em rios de oportunidades. Desde nascer em ambiente com pessoas influentes e abastadas. Não me parece que pelo este facto a vida seja injusta, prefiro pensar que mesmo para aqueles que nasceram em famílias repletas de oportunidades, também houve nesta família alguém que precisou suar a camisa abrindo caminhos para os seus actuais descendentes. Respeitar a oportunidade que os outros gozam, abre-nos bênçãos, porque como escreveu o mestre, recebemos apenas as bênçãos que damos aos outros.

Os filhos precisam dos seus pais juntos. Esta frase nasceu em mim como fruto da própria experiência como pai de mães diferentes. Descobri que há vitaminas que apenas uma mulher conseguirá dar ao seu filho, de igual modo para o pai. Os filhos precisam dos pais juntos porque o divórcio e ou a separação é um grande divisor de águas para o sucesso de uma sociedade. As sociedades formam-se nas famílias. Por isso, penso eu, que por alguma razão a maior população carcerária adolescente e juvenil vem das famílias incompletas (pais separados). Logo, o divórcio vem a ser a quinta base que separa os ricos dos pobres. Este problema resolve-se com escolhas que fizemos quando buscamos por parceiros sexuais e a promiscuidade galopante nas comunidades mais pobres é um dos cancros. E mais uma vez, voltada a situação conjugal dos pais.

O divórcio, a cultura política são algumas das bases que nos roubam a oportunidade de educarmos e formarmos os nossos filhos desde a eterna idade. Pais abençoados serão aqueles que nascerão os seus filhos em países em que as crianças terão acesso a apoios escolares desde primeira infância e gratuito. A educação tem duas curvas a moral e a científica. A moral vem da cultura dos pais, ou seja, onde os pais ensinam aos seus filhos todos os princípios, todas as ferramentas para que os seus filhos se destacam como crianças educadas e altruístas. A curva da educação científica e cívica é oferecida pelo governo desde a quantidade e qualidade das escolas e professores. Desta feita trago para esta obra a educação como sendo a sexta base que separa os ricos dos pobres. Afinal, não um governo mais macabro do que aquele em a sensibilidade de deixar crianças em idade escolar fora do sistema de ensino. Afinal, a riqueza das nações é resultado da capacidade intelectual, científica, moral e depois cívica dos seus cidadãos.

As Redes Sociais, apesar da sua insignificância aparente, também figuram na lista das bases que separam os ricos dos pobres. Estas, separam os ricos dos pobres por duas vias. Cabe a cada um de nós no pico da sua consciência ou inconsciência, partindo da ideia de que apenas pessoas saudáveis e maiores de idade a usam, escolher o caminho a seguir, para ser visto ou ver ao longe a maioria.

Olhando para o desvio que as redes sociais nos proporcionam como base para nos vermos longe dos ricos e / ou perto dos pobres, podemos escolher impressionar, viver segundo a vida que gostávamos de viver, nos endividarmos para impressionar pessoas que nos seguem, passar incontáveis horas e todos os dias rindo, invejando, desejando, sonhando, desmotivando-se e motivando, durante minutos, horas e dias nas redes socias, em busca do nada. Enquanto no mesmo momento, os que já entenderam o algoritmo as redes socias, vão apenas seguindo pessoas que falam de assuntos de os acrescentam e as mais importantes, não reagem a vídeos ou conteúdos que não os enriqueça culturalmente, fazendo com que o algoritmo não o sugere mais conteúdos do mesmo rigor. Desta feita, vão deixando de ser apenas consumidores e espectadores.

    Vão aprendendo como funcionam as diferentes ferramentas e como podem tirar proveito dos seus talentos natos ou inatos. Assim criar também o seu palco e brilhar. Vão aprendendo a editar, fazer anúncios pagos e ou por cooperação com demais criadores de conteúdos, os mais tímidos vão apostando no BackOffice como edição de vídeo/foto, filmagem, anúncios em todas ferramentas, copy, designer gráfico, ou seja, todo trabalho que não lhe exija mostrar o rosto, incluindo canal no Youtube e páginas de notícias e fofocas, todas dark ou seja, sem precisar aparecer.

    Vão construindo os seus impérios, suas audiências em cada 2 horas por dia de trabalho, com foco no longo prazo. Reinvestindo todos os ganhos no negócio e produzindo serviços e produtos extras como consultoria, venda de e-book, livro, criam uma marca e vendem imensos produtos em sua marca. São convidados ou apresentam-se a marcas para serem patrocinadas. Na busca de patrocínios, as empresas os exigem mais seguidores ou inscritos e eles usam esta recomendação como motivação para sair das duas horas de trabalho para 4 horas dias.

Apostam incansavelmente na formação e actualização, produzem todos os dias, com ou sem ideia, afinal, a ideia e ou a inspiração deve encontrar-te no teu local de trabalho. Buscam chegar as pessoas famosas e talentosas, mas que não têm presença nas redes socias oferendo seus talentos e plataformas para o desenvolvimento de potenciais produtos e ou serviços.

Ganham audiência e público. Compreendendo que público é mercado, vão oferecendo no final do dia imensos produtos aos seus espectadores, desde produtos próprios como dos seus parceiros. Alguns fazem estes anúncios com filtro, ou seja, apenas produtos em que acreditam e outros, fazem-nos sem o mínimo de moralidade porque o foco é ganhar dinheiro. Ricos bons e maus, não é utopia. É desta forma que os ricos se diferem.

Conheço confissões de um jovem angolano Baptista Miranda que terá dito começar o seu canal no youtube usando computador de amigos e internet do cyber, café. O jovem tornou-se no maior youtube do seu país, durante consecutivos anos, isto depois de longos se solitários anos de trabalho.

Devemos acreditar que nascemos todos sem roupa e que tudo que usaremos nos será doado e mais tarde obtido com fruto do nosso trabalho. O trabalho nos será dado, doado, confiado ou teremos de o criar.

O mundo não me parece que seja injusto, nascemos apenas em condições diferentes. Antes que me perguntes por que Deus permite que alguns nascem em famílias abastadas e outras sem o que comer, sem pai nem mãe porque estes se foram antes de o ter ou durante o parto, confesso não conhecer a resposta Divina, e acredito ser por alguma razão muito acima da nossa capacidade racional como meros pedaços de carne com um espírito e uma mente.

Penso que Deus não quer que sejamos iguais, quer que sejamos melhores, em todas dimensões das nossas vidas. Permitiu que o homem criasse as redes sociais e parte a cada um de nós tirar maior proveito delas para o nosso agrado hoje e ou amanhã. A gestão do nosso tempo, sobre o que fazemos e estamos a cada segundo a fazer, é da nossa inteira responsabilidade. Tem mais, a alocação do nosso tempo dia apos dia, dependerá acima de tudo das nossas prioridades nesta vida e no momento.

Capítulo V

CAUSAS DA POBREZA NO MUNDO

AUTORITARISMO

Se você vive ou conhece um país em que todas as fortes instituições como os tribunais, órgãos de defesa, são apenas dirigidos por pessoas do partido no poder e estas pessoas, são militantes ativas do partido, este país cheira a autoritarismo. Se neste país, as principais empresas públicas são administradas por pessoas apenas do partido, se neste país cheira a autoritarismo. Se neste país, observa-se uma acumulação de poderes explicita ao titular do poder, acrescida, a impossibilidade de destituir um presidente em função das armadilhas da lei, neste país, cheira a autoritarismo.

Nas terras livres, a economia de um país é controlada pelo mercado, mas quando o mercado é formado pela maioria de empresários politicamente expostas, neste país cheira a autoritarismo.

Ora vejamos, quando os empresários são políticos, significa, que os bancos pertencem aos mesmos, ou seja, o empréstimo bancário, circula entre a classe política, quando os tribunais, são administrados pelas pessoas do partido, estamos perante a sonegação da lei, onde a alguns a lei é aplicada apenas aos fora do círculo o que por sua vez, alimenta a corrupção, os seja, julgar o empresário que é do partido, será igual a mexer em uma das peças do conjunto.

Quando não podemos julgar, alimentamos a corrupção e com isso abrimos espaços para a construção de um país com desigualdade de oportunidade onde alguns têm acesso a água, energia, saúde precárias e outros tem acesso a saúde, energia e água de outras fontes e claro mais limpa e inesgotável.

O poder é assegurado pelas fortes instituições o que leva a permanência por incontáveis nos do líder no poder.

Por que o poder corrompe, os governantes que são eleitos pelo povo, governam pra o povo, o que são eleitos pelo poder, governam para o poder, desta feita, os pobres continuarão pobres, porque não estão incluídos nos direitos de oportunidade de trabalho na função publica, direito de livre iniciativa política e ou económica, direito de associação, direito a grave, muito menos ao direito a formação de qualidade, porque este último é a principal arma para destituição do ditador.

Os governos autoritários precisam manter as famílias pobres, para que o poder não saia do círculo fechado do sistema. Poder, para nós seria o acesso ao conhecimento e a riqueza nacional tanto por via do emprego, empreendedorismo, desporto, ou do associativismo político.

Infelizmente quando se está perante um governo autoritário, que precisa de manter as famílias pobres, para eternamente reinar, a solução para inequivocamente pelas denúncias do povo a entidades internacionais, para que o mundo possa saber o que se passa no e se este autoritarismo levar o governo a cancelar o acesso a internet e calar todas as vocês que tentarem denunciar as suas atrocidades, a solução passará apenas pela revolta popular, outro sim, este povo, estará condenado a pobreza. Afinal, eleições algumas derrubam governos autoritários, pois, quando acimas escrito, nestes governos, todas as instituições de poder, inclusive os demais paridos políticos, encontram-se nos bolsos do ditador.

O líder que não tiver a humildade de ouvir os gritos do seu povo, que não tiver a humildade de ouvir os seus auxiliares, que não tiver tempo para meditar, falar com o senhor Deus, que lhe deu a oportunidade de liderar o seu povo, este Líder, levará a sua nação a ruína e pagará por todos os falasse que fez ao seu povo.

Assim como aqui na terra somos premiados pelas coisas boas que fizemos, também serenemos castigados pelos males que a nós mesmos e aos outros fizermos. Assim é a justiça Divina.

Deus deu ao seu povo a capacidade de escolher o líder que os deve governar. O líder escolhido recebeu a capacidade singular de administrar os bens e necessidades do seu povo, sendo seus objectivos mais altos e nobres.

Já lemos em livros milenares de que Deus deixa o seu povo sofrer por imenso tempo para que estes despertem ou para que o seu líder se converta.

Quando as duas partes não percebem que devem agir, o povo sofre e o governante paga pelos seus males no fim do seu mandato.

Se todos os reis sabem que nem todo reinado dura para sempre, por que não se convertem a Deus, governando sendo as suas promessas eleitorais? Porque o poder sega. Por isso, é imprescindível o líder ter de desenvolver a capacidade humilde de ouvir o seu povo, conselheiros ou inclusive, eleger no seu do circuito alguém que o alerte toda vez que estiver a ignorar o clamor do seu povo.

Uma doze de autoritarismo deve ser necessária para que não se perca autoridade. Para isso, o líder precisará de ser sábio. Para que possa tomar maior número de decisões acertadas. Dispensando assim, os palpites dos seus auxiliares e ganhando com isso, respeito e admiração do seu povo e dos ministros do seu governo.

Quando um líder consegue tomar medidas, económicas, financeiras, administrativas, jurídicas, culturais, sociais, militares, internacionais, discutir tais temas, com maior profundidade possível, este líder, será admirado pelos seus e dificilmente enganado.

Para isso acontece é necessário preparar-se para a liderança, e esta preparação é desde a adolescência ou desde o momento que nascer em nós a vontade de guiar o nosso povo. Para isso, será necessário imitar o que fazem os grandes líderes mundiais como Xi e Putin, ou seja, dominar a arte da leitura. Ler, ler rápido, escutar e ler acima de tudo o que os maiores escreveram, sem nunca deixar empoeirar a Bíblia Sagrada nos livros de Eclesiastes e Sabedoria.

A Leitura torna-nos grandes líderes, líderes temidos pela capacidade retórica e intelectual virada a capacidade de tomar decisões acertadas. Pois, quem lê, tomará sempre decisões antecedidas de uma profunda reflexão sobre os seus impactos, hoje, amanhã, na vida dos pobres e na dos mais afortunados. Quem lê tem a humildade de ouvir seus conselheiros mesmo que tenha total certeza das suas possíveis decisões.

SANÇÕES

Para enfraquecer a economia de um país sem o uso de força, economias aparentemente mais fortes, aplicam uma série de sanções aos países que estejam supostamente a violar acordos, leis, direitos internacionais. Como vimos na recente guerra do século XXI entre a Rússia e a Ucrânia onde o ocidente - Estados Unidos da América e dos Europeus, acabaram por sancionar a Rússia em vários domínios, inclusive o congelamento de contas e bens de figuras políticas da Rússia.

As sanções causam pobreza, porque apesar das sanções serem contra o governo, as famílias, ficam limitadas ao acesso de bens e serviços, formas de pagamento, impossibilidade para viajar para determinados países, limitação nas importações e se estivermos em presença de um país com ´índice de dependência as importações muito elevadas, instala-se a insuficiência alimentar que acabará por deixar os mais pobres sem alimentos. Porque na escassez de alimentos, comerão os mais ricos, em função da alta dos preços. A inflação é uma falha de mercado, que prejudica apenas as famílias pobres.

Os impactos das sanções resolvem-se com a potencialização da economia do país, o impasse será está na incapacidade no momento desde país, gerar riqueza, em função, mais uma vez, das barreiras impostas pelas sanções. A solução passará pelos acordos internacionais, partindo da autoapreciação do país sancionado, sem necessário, vender a dignidade do povo. Afinal, as sanções fazem parte da guerra fria e muitas das vezes países poderosos intimidam os mais fracos por meio das sanções. Outro sim, punem países que não se deixam vergar pelas ambições económicas e políticas das nações mais fortes. Neste caso, o país deve salvaguardar a sua soberania, explicar as suas populações as causas das limitações internacionais que nos foram impostas e procurar por outros parceiros internacionais, sem esquecer-se de que o que tornam qualquer país autossustentável e rico é a igualdade de oportunidades, liberdades, a inclusão e a formação interrupta do seu povo.

Muitas sanções justas ou injustas, são aplaudidas por outras nações, porque não consigo negar a existência de culpados a pobreza no mundo, porque se ninguém a tolerasse, não existiriam pobres no planeta terra.

GUERRAS

Nascer e viver em um país em conflito os coloca na cauda da fila a corrida ao desenvolvimento económico das nações. Porque este mal político, desvia a atenção do Estado de todos os pilares económicos da nação devia a força de trabalho porque os envia para os campos de batalha e acima de tudo destrói tudo o que o país com muito sacrifício construiu desde cérebros saudáveis e inteligentes e toda infraestrutura económica no país.

São principais causas da pobreza em todos os países endémicos em África e tornaram países pobres. São a consequência de a incapacidade dos homens resolver conflitos por meio do diálogo. São vias para se conquistar terras e poder. São vias para o enriquecimento da indústria bélica não só por meio das vendas das armas como também dos testes que se fazem destas armas em ambientes reais. Estes testes proporcionam aos fabricantes a oportunidade de melhor seus produtos.

As existências das guerras são necessárias para vários agentes económicos nacionais e internacionais. Vale sublinhar que a causa das guerras tanto entre nações como nas nações, isto é, entre cidadãos do mesmo país, nem sempre será aquela que as força políticas e miliares comunicam.

Segundo a ONU, no mundo existem 195 países e destes, aproximadamente 50 estão em conflito activo. Todos,

todos, independentemente das causas e dos tipos de conflito que a literatura nos reserva, todos existem por causa da conquista de territórios. Terreno, terras. Alguns países dirão que estão na guerra pela reconquista, outros dirão que estão pela defesa. Cada defende os seus valores, enquanto alguns seres humanos conhecem a morte por causas injustas, outros enriquecem, tudo acontece no mesmo momento em que outros morrem em conflitos inclusive por causas justas. Justas para quem? Justiça de quem? Não sei e espero que cada ser humano envolvido em umam guerra consiga responder.

As guerras são causa da pobreza das nações porque deixam imensas crianças e mulheres desprotegidas. Parece uma frase machista para os dias de hoje, mas me parece ser a mais adequada para aplicar porque as mulheres na ausência dos seus parceiros e em regiões em conflito são presas fáceis para abusos sexuais, crianças são levadas para campos de combate mesmo antes de completarem consciência própria dos conflitos acabando mesmo por lutar por causas que desconhecem e claro, por serem também presas fáceis quando se pretende mudar a mentalidade de um povo por meio de ideias políticos e militares. No mesmo momento, crianças são afastadas do sistema de ensino e as mães sem tempo para educar seus filhos para os desafios futuros porque estas precisam trabalhar, muitas das vezes em mimas ou em mercados informais quando falamos das guerras em África.

Apena os senhores das guerras conseguem enriquecer em momentos de conflitos armados. Chamaríamos de senhores das guerras os vendedores de armas e os responsáveis dos grupos em combate.

INTERFERÊNCIA

Só há interferência naquele país em que há instabilidade ou que a sua estabilidade e crescimento ameaça potências económicas e extrativas.

Há muitos casos em África de países que mergulham em conflitos devido interferências internacionais, assim como também há povos em África que lhes foram oferecidos líderes, para que estes servirvam interesses de outras nações, tendo como retorno particular enriquecimento próprio e proteção dos seus ganhos em outras nações, garantido segurança, aposentadoria, riqueza eterna e berço dourado no estrangeiro.

A ideia de escravo mestre é real porque estes existem em África desde a era da escravatura em que era necessário ter próximo alguns escravos para que estes possam fazer o trabalho sujo (espionagem, guarda, liderança, interpretação e tradução) em tropa de riqueza e proteção a si e as suas famílias.

Grande parte das interferências internacionais em condições de paz, sem invasão bélica é feita por vias diplomáticas, por via da captura de líderes destas nações. Muitos líderes em África até hoje sofrem da síndrome do reconhecimento e da dependência económica. Acreditam na falsa ideia de que apenas quando líderes das nações ocidentais os felicitam se sentem legítimos. Acreditam na falta ideia de que apenas o investimento estrangeiro terá mudanças. Tudo isso ocorre geralmente em função de como acontecem os processos eleitorais nestes países africanos que são organizados por empresas estrangeiras, sob olhar de observadores estrangeiros. A interferência é fruto de acordos, porque lá onde não há acordos diplomáticos há guerras, sanções e ou guerra fria. Contudo, as interferências têm mais efeitos nocivos a economia das nações do que o contrário. Porque o que se vê em países livres de todo o tipo de influências externas é maior foco na autossustentabilidade nacional. Enquanto nos países com grande presença estrangeira, são negócios de extração. Extração de cérebros por meio da existência de empresas estrangeiras em busca de mão de obra barata e a extração de minerais e serviços baratos.

CORRUPÇÃO

É apontada como a razão principal da pobreza e desigualdades no mundo com maior fosso em África. Pois, aponta-se existir estruturas que protegem a corrupção e os corruptos.

Vale nesta obra lembrar porque razão em certas paragens da África, Ásia, América, Europa a corrupção é incombatível, apesar das imensas promessas em discutir e inclusive programas para o combate a corrupção onde vemos governos a convidarem seus populares a juntarem-se ao processo de luta de formas a juntar sinergias no processo, conexão, confiança do povo ao governo e mesmo assim, o problema permanecer após alguns casos / processos de acusações e julgamentos serem levados com muita euforia a opinião pública pelos meios de comunicação públicos e internacionais anunciando assim a verdadeira mudança no país que se espera.

A corrupção é um tema de estudo em várias universidades, centros de estudo, desde muitos anos. Líderes das nações discutem este problema em outros termos nos diferentes corredores das suas reuniões a portas fechadas de formas a entender o problema e assim melhor resolverem ou após sua compreensão saberem como manobrar o problema da corrupção na opinião pública.

Quem suporta um governo corrupto? Ninguém para alem dos que dele beneficiam. Logo, seres humanos inteligentes descobriram que é possível manter a corrupção, sem que a população se alarme. Para isso, será necessário controlá-la. Porque, precisamos perceber estes dois tipos de corrupção: A periférica e a controlada.

Formado em uma Universidade de renome internacional nos Estados Unido da América, fruto de uma bolsa de estudo que lhe foi concedida pelo governo, foi escolhido o renomado académico que que já fazia fluor nas TVs privadas e Estatais em matéria de análise política do país. Acariciado pela população do seu país porque não media esforços quando fosse necessário criticar as ações do governo e apresentar possíveis soluções em matérias de políticas publicas e economia, áreas em que possui mestrado e doutoramento consecutivamente.

Sem tectos de vidros pois, tinha uma vida completamente transparente, foi melhor aluno na universidade pública do seu país o que lhe valeu as respectivas bolsas de estudo, financiadas pelo programa de excelências do governo que fora desenvolvido e lançado em fase eleitoral 14 anos atrás. Não devo nada a ninguém, tudo que sei e tenho são frutos do meu trabalho. Fazendo sempre que possível, lembrar os seus colegas de plantei quando o tentam carimbar como enviado do parido da oposição ou da situação, porque a sua transparência confundia a opinião pública, não dando asas aos curiosos de o carimbarem apenas como pertencente a um dos lados.

Doutor, ligo do ministério da economia da república das celulites. Gostávamos de contar com o seu cérebro para nos ajudar a desenvolver o novo plano de desenvolvimento do país de curto prazo para os próximos três anos até antes das próximas eleições. Acreditamos no seu poder inovador, de previsão e de análise dos problemas conjunturais do país. Não precisa dizer sim ou não hoje, pelo que lhe deixamos hoje pensar e voltaremos a ligar amanhã a mesma hora para sabermos da vossa resposta. Como proposta queremos lhe oferecer um salário semanal em volta dos 10 mil dólares, carro de luxo, uma residência, todos os custos alimentares e da sua casa pagos para que não possa ter outras preocupações enquanto desenha o tão aguardado programa nacional de desenvolvimento. Vale lembrar que a casa e o carro, serão seus após o contrato ou se uma das partes desejar romper o contrato. Não terá contrato directo com o ministério. Porque pretendemos lhe oferecer um contrato de prestação de serviço para que se possa sentir mais independente possível. Outro sim, terá de fazer a campanha de divulgação do programa nas televisões nacionais e internacionais, rádios e redes sociais. Acompanhar e divulgar a materialização do mesmo programa em todas suas redes sociais. Queres que se sinta conectado com o projecto e consiga conectar os seus seguidores para que sem lhe esconder a intenção do governo, para que estes, teus seguidores, tenham conexão com o nosso presidente por escolher uma pessoa sem ligações ao partido para escrever e acompanhar o programa de materialização da revolução económica nacional.

A capacidade intelectual do Kassapa é tão estratosférica que não hesitou em perceber que lhe estavam a colocar em um buraco sem saídas. Primeiro porque o programa de desenvolvimento nacional, não se faz sozinho e segundo porque não precisa de promoção nas redes sociais. Afinal, a melhor promoção que um presidente pode fazer pelo seu nome e governo é por meio dos seus resultados e acima de tudo da afectação das suas decisões na vida dos mais frágeis da sua sociedade. Governar é tomar decisões sábias. Sabedoria é ter a capacidade de resolver problemas. Problemas são a razão da eleição ou destituição de qualquer governo. Governo é a entidade mais poderosa de um país que se não aproveitar todos os seus poderes para a promoção do bem-estar nacional das suas famílias hoje e amanhã será deposto. A deposição de um governo é o acto mais humilhante para qualquer governo. Apesar da maior humilhação é ver um pai desempregado. Homem desempregado é uma ameaça para qualquer sociedade, porque nas sociedades nem todos têm a mesma capacidade de lidar com a falta. Porque quando falta pão para os filhos o pai é capaz de roubar e a mãe de se prostituir.

Kassapa não demorou para responder ao convite, pois, sabia como o sistema funcionava. Se negar, este mesmo ministério voltará contra si porque usará toda máquina legal e digital para o destruir e se aceitar terá de ser mais inteligente do que todos eles.
No dia seguinte, ligou para o Ministério, adiantando a sua resposta. Como projecto de vida, decidiu tirar 80% do seu rendimento semanal para investir em projectos sociai nos mais periféricos do país se o programa ao qual foi proposto desenhar, não for executado. Para o Kassapa, todo pouco ou muito que receber, será nosso. Tinha uma veia solidária acima da média da população do seu país.

Já no ministério para assinar o contrato e receber todas as instruções inerentes, foi-lhe perguntado, se era possível desenhar um programa de desenvolvimento que envolvia a luta contra a corrupção sem mexer na corrupção organizada. Foi neste dia que o Kassapa de ser doutorado em economia, conheceu este termo. É possível desde que estes senhores organizados não interfiram no meu trabalho. Respondeu.
Certo, vais desenhar no projecto formas de como lutarmos contra a corrupção paralela porque são estes que sujam o bom nome do país. São estes que tiram dinheiro aos turistas nas estradas, nos postos consulares, posto migratórios, serviços públicos, desviam valores alocados as autarquias, são estes que desviam meios informáticos e transportes nas empresas publicas. São

estes que de tão pobres que são, desviam seringas e medicamentos nos hospitais, inclusive alimentação para os doentes, atrasam salários dos trabalhadores de limpeza nos nossos bairros, por isso, vemos ruas sujas e tudo isto suja o bom nome do nosso país.

Kassapa, surpreso com a descrição do secretário do estado para a economia do país, perguntou: Vou receber verbas para a materializar este ambicioso projecto?

Não Kassapa. Claro que não. Nós os ministérios iremos executar quando tivermos verbas. Por agora faremos apenas o programa e a sua respectiva promoção para que todos saibam o que faremos nos próximos tempos. Kassapa sabia da emboscada que se tinha posto. O governo pretendia apenas usar a sua imagem para elevar o seu nome e destruir a reputação do Kassapa, fazendo-o rico, parte da burguesia, enquanto a população continuava pobre.

Para o Kassapa restou apenas a esperança de usar parte do seu salário semanal, para realizar mudanças nas pequenas comunidades por meio da colocação de sistemas de água potável, enviar algumas crianças talentosas para o estrangeiro, formar outros a nível local, criar programa de fomento ao empreendedorismo, espaços criativos para crianças como parques e campos multiusos, pequenos centros de saúde nas comunidades e a realização de aulas presenciais em todo país de formas a encontrar cérebros diferenciados pelo país a dentro. O Kassapa era um cérebro que foi capturado pelo sistema, mas que conseguiu sobreviver, apesar de ter perdido popularidade pelo insucesso do seu projecto que nunca foi materializado e usado apenas como âncora política. Assim é a como a corrupção organizada funciona.

O Kassapa tinha noção de que um certo nível de corrupção no país e no mundo é sempre necessário, em função da impossibilidade de a combater como por exemplo, o trafico de drogas, a prostituição, os paraísos fiscais como consequência da globalização, o nepotismo, o tráfico de influência, guerras, tráfico de armas e outros males, em que a tentativa de combate levará a queda de outras estruturas ou do precursor da iniciativa.

Capítulo VI

SOLUÇÕES PARA O PROBLEMA DA POBREZA NO MUNDO

Compreenderás este capítulo, se te deres a oportunidade de ler todos os anteriores. Pois, esta parte do livro não é a conclusão, apenas mais o acrescentar de tudo que foi dito antes. Leia por favor a base do livro para que não corras o risco de julgar as mais de 100 páginas desta obra por apenas um único capítulo.

Uma vez teres ligo todas as fases da obra e ciente de todas as variáveis que levantei durante esta longa jornada, precisamos de entender como começou o problema da pobreza universal, onde está o erro, quem estará a errar, durantes o último milénio, porém, foi na nossa era em que as desigualdades de rendimento atingiriam o pico e claro, como resolver o problema que envolves imensos interesses.

Se a renda de uma empresa aumentar, devem aumentar as rendas das famílias que labutam nesta empresa, deve aumentar a renda do país, devem aumentar as rendas das demais famílias pelo efeito consumo e devem aumentar as rendas das famílias nos países vizinhos.

QUEM DEVE ACABAR COM A POBREZA NO MUNDO?

Os pobres não estão abandonados, os ricos é estão apenas ocupados aumentando as suas riquezas. Enquanto alguns pobres estão à espera da mão solidária dos ricos.

Cada líder político, deve ser responsável pelo fim da pobreza no seu país. A redução das desigualdades sem abrandar a produção nacional, é uma das missões mais nobres do líder que carimbar na sua agenda. Afinal, mais do que aumentar o PIB produto interno bruto, ou seja, riqueza nacional, vale aumentar o rendimento das famílias, o acesso facilitado e gratuito a escola e a garantia da prevenção a doenças as crianças.

Os pais são responsáveis pela educação, alimentação e saúde dos seus filhos. Assim como cada filho é responsável para quebrar o ciclo da pobreza na sua família. Assim sendo, todos no país vivem segundo suas obrigações. Quem claudicar nesta corrente de obrigações, estará a contribuir para a prevalência da pobreza e da desigualdade no país.

O líder político deve acabar a pobreza por meio do seu próprio comprometimento pessoal com a causa. Um juramento intrínseco a sua lealdade ao bem comum.

Apenas o líder que entender o valor da partilha e da eternidade, poderá fazer este juramento. O líder que entender que chegou a liderança do seu país por indicação do Omnipotente e que poderá ser para o seu povo, o novo Moisés. O líder que não entender a missão de Estado, que confundir liderança com poder e hierarquia com autoridade, jamais alegrará o seu povo e cedo será crucificado.
Por meio de um plano, não de luta contra a pobreza, mas de desenvolvimento social, poderá reunir os principais cérebros do seu colégio ligado as áreas da economia, saúde, direito e estatística, para o ajudarem a identificar os reais problemas do seu povo, com o povo, sempre, discutir formas de resolver e acima de tudo definir uma data mais realista possível para o fim do objectivo. Pois, os grandes projectos de desenvolvimentos, obedecem programas de longo prazo, precisará o líder, definir prazos de curto e de longo prazo. Segui-los à risca por meio de uma equipa de fiscalizadores que deverá ser o povo.

Conseguirá atingir deste fim, o líder que estiver disposto a ouvir os seus críticos, sendo eles o povo, ou outros líderes políticos. Pois, quando o objectivo é longo dos proveitos pessoais, ninguém será preso por criticar o chefe, pois, tudo que o chefe desejará é que o ajudem a identificar as falhas da sua administração.
A escolha deste líder, dependerá do seu povo, como dizia o mestre, se cada povo merece o líder que tem, Deus dará

a cada povo, o líder que merece. Logo, o povo que for imediatista, egoísta e bajulador, terá um líder que ama ser bajulado.

    Os países devem acabar com a pobreza por meio da transparência nos actos do governo. O governo é o maior, entidade máxima responsável pela riqueza ou pobreza de um povo. Porque quando este implementa um sistema de capitalismo político, faz com que as surjam no país várias empresas no país, ligadas as pessoas politicamente expostas e segunda as necessidades do país que estes acham que a sociedade precisa e muitas das empresas como prestadoras de serviços ao Estado o que torna tanto estas empresas, como o Estado ineficientes. Quando implementa um sistema de socialismo político, trabalha para que a todos os cidadãos não falte emprego ou rendimento mínimo por meio do trabalho, ajuda social aos pensionistas e pobres, acesso a saúde e educação, mas deixando-se como consequência directa, pequenos burgueses. Poucos no país reclamam porque têm o básico que precisam para viver e os quadros mais qualificados, porque escreve-se de passagem que nestes países geralmente a educação é de qualidade, no entanto, os quadros mais qualificados, acabam pode deixar o país. Citando como exemplos Portugal, Cuba, Rússia e a China.

    Quando o governo implementa um sistema político e económico de capitalismo liberal, surgem empresas no país, livres de ligações políticas e estas empresas vão surgindo segundo as necessidades das famílias. Porque empreendedores, empreendem segundo oportunidades na economia e estas oportunidades são iguais as necessidades das famílias que estes cérebros capitalistas procuram sarar. Apesar, escreve-se de passagem que alguns empreendedores também criam mercados, fazem surgir nas famílias novas necessidades de consumo, como acontece geralmente no ramo do turismo, lazer e tecnologias. O governo tem poderes que agente económico algum têm. Como o poder de criar leis, solicitar empréstimos em outras nações ou internamente, o poder de criar ou retirar novos impostos de formas a aumentar suas receitas.

Entender os motores para o desenvolvimento das nações é libertador para que possamos analisar o Estado dos países com realismo e fazer comparações com menos erros possível. Logo, começo por olhar no fator geografia. Desde solo, subsolo, mares, Rios, ambiente, fauna e flora. Afinal, se as economias se diferenciam destes factores, não os podemos ignorar. A geografia de Angola por exemplo é ou não um factor diferenciador para o seu progresso?

A sociedade recebe a geografia do seu país por herança e todo filho pode destruir ou melhorar a herança que lhe foi doada.

A sociedade como segundo motor, define a sua organização económica por meio das características geográficas que tem, e acima de tudo escolhe não só a organização política, como os seus dirigentes. Os dirigentes e o sistema político que escolhermos, definirão as prioridades do país.

A geografia é imutável.
A sociedade mutável
E o sistema político é apenas consequência da ciência do seu próprio povo.

Após a geografia enquanto herança económica nacional, a sociedade como actor que define o sistema político e seus políticos, surge o clima.

A cultura alimentar dos povos varia segundo as suas estações climáticas e hoje, com as alterações, está mais difícil cultivar porque chove muito ou nada.

As sociedades precisam aprender a tirar proveito das suas potencialidades climáticas. Por isso, em países insolares o turismo de sol e mar, as emergias solares e por meio do vento/eólica, costumam ser a saída.

Para África e Angola no seu particular, está acima o grande desafio. Pois, vemos o desperdiçar do clima favorável a agricultura, as energias e acima de tudo, quando chove morremos com enchentes e quando não chove, morremos de fome.

O sistema político definirá as prioridades económicas do seu governo, os toleráveis, intoleráveis, os neutros e as pessoas com as quais há de formar governo.

Estas pessoas poderão ser: políticos, apenas políticos do partido, acadêmicos, influentes locais ou empresários.

Quando olhamos para a história da África percebemos que teríamos feito melhor em 1959 se nos uníssemos. Falhou se calhar quem nos uniu como país (província ultramarina) porque éramos diferentes desde a base. Falamos línguas diferentes, temos culturas diferentes, pensamos diferente, por isso, o desafio de unir África é maior. Um dado curioso, percebe-se que os países africanos são maiores porque foram assim divididos (1884 na conferência de Berlim), pelo ocidente sem respeitar os aspectos culturais dos povos e em comparação aos países europeus, percebemos que são menores e falam em médica uma única língua o que gera mais estabilidade nestes países enquanto em África á imensos desentendimentos tribais o que piora com a intervenção diária dos ocidentais.

Os filhos devem quebrar o ciclo da pobreza por meio da formação. Pois, apenas a formação os levará para as diferentes revoluções desde na família e a nível nacional. Nas famílias os filhos devem carregar a bandeira para quebrar o ciclo da pobreza vigente, mas isto segundo instruções dos seus pais, por isso, famílias compactas (pai e mãe, juntos) será um factor diferenciador. Quanto a revolução industrial e nacional, dependerá do nível de instrução técnica e patriótica que receber. Logo, em países onde as crianças são desde cedo obrigadas a sustentar-se por meio do trabalho infantil, muito apenas por milagres estas conseguem trazer mudanças a nação. Por isso, muito defendem a existência de sistemas ocultos que propositalmente, impedem o surgimento de escolas de qualidade e práticas que visam proteger as crianças de abusos.

COMO OS RICOS PODEM ACABAR COM A POBREZA?

Os ricos não têm obrigação algum de acabar com a pobreza no mundo, porque estes já o fazem por meio do processo legal de produção da riqueza. Fazem-no quando pagam ao Estado impostos, segurança social e quando acima de tudo aumentam no país as taxas de emprego reduzindo assim o nível de pobreza no país.

Com os impostos o Estado saberá como melhor alocar para o bem de todos e com o salário que pagam aos seus colaboradores, estes saberão segundo consciência financeira que cada tem, usar com vista a sua realização. Logo, a responsabilidade para o fim da pobreza no mundo acaba por recair sobre o Estado enquanto regulador dos actos económicos e financeiros no país, buscando tirar maior proveito para os seus habitantes e as famílias, enquanto agentes económicos detentores do poder político oculto.

O governo precisa de perceber que nem todas as soluções económicas se aplicarão para o seu país. Hoje por exemplo, vemos na Espanha, Itália e Portugal, cidadãos revoltados com o volume de turistas, porque estes são os responsáveis pela inflação no país, exigindo assim o Estado a restringir turismo. Enquanto no mesmo momento, vemos países que precisam de turistas para alavancarem o sector do turismo com vista a obtenção de receitas cambias e do emprego local.

PRINCÍPIO DA RIQUEZA

A base do princípio da riqueza deverá ser: todos por todos, porque se todos tivermos, não haverá espaço de dominação, mas sim uma relação de complementaridade. Para isso, precisaremos de colocar todos os cérebros a participar do processo para que todos possamos produzir bens e serviços diferentes. Mas sem criamos espaço para monopólios, nem oligopólios, mas sim, saudável concorrência baseada no direito de livre criação, circulação/distribuição e de oportunidades.

No princípio da riqueza, são as nossas ambições individuais e dos nossos grupos familiares, que nos moverão a produzir cada vez mais serviços e produtos e consecutivamente mais riqueza para a economia. Pois, quanto mais eu individualmente produzo, mais aumento a necessidade de consumo na sociedade. Assim acontece quando a Apple lança o novo aparelho e ou quando aumentamos a produção da gasolina. Se o meu comportamento se repetir por todos os agentes económicos, aumentamos a produção nacional e consecutivamente a exportação.

Se em uma aldeia todas as famílias produzirem bens e serviços de consumo em grande escala, nas aldeias vizinhas produzir-se bens e serviços diferentes da aldeia 1, 2, 3 e 4, todas pertencerem ao mesmo país, cada aldeia será centro do comercio dos sérios e produtos que produzir. Mas, estas aldeias não serão independentes o que reforçará o espírito de coesão Nacional. Porque é a dependência das aldeias que tornará o país independente e as famílias mais ricas.

O princípio da riqueza está presente nos condomínios de luxo, ou na vontade que algumas pessoas têm de viver em condomínio de luxo, tendo como base de sustento o seu trabalho produtivo. Escrevo estas últimas palavras, porque em economia só terá utilidade marginal, aquele trabalho que gerir benefícios económicos, satisfação ou qualquer realização a outrem.

As pessoas que pretendem viver em condomínios de luxo têm a obrigação de serem ricas e manterem-se ricas. No princípio da riqueza, todas as famílias incluindo o Estado, terão de ter em si este desejo ardente, uma vez atingido, não haverá pobres no país.

O princípio da riqueza é sustentável, porque existe na natureza, recursos necessários para alimentar e criar para todos. Claro que há alguns entreves para a realização porque não podemos excluir as pessoas que decidiram, viver na modéstia, eliminando todo e qualquer tipo de anexo, peso material. Afinal, assim como existem pessoas loucas para conseguirem um apartamento em um condomínio de luxo, há outras que tudo que mais desejam é viver no meio do mato, longe de tudo e de toda distração possível. Longe do luxo, da competição, inclusive dos avanços tecnológicos. Estas pessoas se tiverem o que comer do ponto de vista sustentável e não precisarem de apoio financeiro de ninguém do condomínio de luxo, não inviabilizará o princípio da riqueza.

Se adicionarmos as pessoas com limitações motoras e idosos, diremos que não inviabilizaram o condomínio, porque os idosos estarão a viver das suas ricas aposentadorias e as pessoas com limitações motoras serão membro de familiares de senhores que vivem em condomínios. Outro sim, estaremos em presença de um governo aforrador, pois, este, gere famílias ricas e terá sem dúvidas capacidade para sustentar as minorias sem prejudicar contribuições fiscais.

No princípio da riqueza, o Estado quer que todos vivam em condomínios, excluindo qualquer tentativa de pobreza na região. Por meio da solidariedade nacional que visa a promoção do emprego digno para todos.

PRINCÍPIO DA DISTRIBUIÇÃO

O Estado é o agente económico mais ricos em qualquer economia, porque não só dispõe de fundos financeiros como também tem poder para tirar dinheiro das famílias quando desejar tanto por via de impostos ou das taxas. Tem a possibilidade de solicitar por empréstimos financeiro no país e no estrangeiro em somas avultadas, porque tem garantias avultadas para hipotecar. Logo, deve ser o que mais devia distribuir. Mais vezes e em maior proporção.

A diferença entre países ricos e pobres está na distribuição. Sabe-se também que quanto maior for a distância entre as classes sociais e quantidade de ricos em proporção a pobres, pior é o sistema distributivo naquele país.

Existem vários sistemas de distribuição da riqueza nas nações. Desde as pensões, o salário, subsídios ao desemprego, subsídios aos serviços de saúde e educação, rendimento básico incondicional, ... Mas a melhor ferramenta distributiva e redistributiva da riqueza nas nações é a liberdade económica e o acesso fácil e gratuito a educação e conhecimentos. A liberdade económica alicerçada as infraestruturas económicas desde redes de transporte aéreo, marítimo, rodoviários e ferroviários, internet e segurança local, resultantes da distribuição da riqueza publica em investimentos em infraestrutura, marca o passo diferenciador de qualquer economia.

Governo que não distribui a riqueza nacional para a garantia das liberdades e segurança alimentar e económica, não terá cidadãos capazes de desenvolver a segurança tecnológica e o mais importante a riqueza cívica entre as populações. Porque apenas a solidariedade pública do Estado gerará solidariedade entre povos. Quando estamos perante uma governação egoísta, que não distribuiu, gera efeito multiplicador, ou seja, quem consegue chegar nos cargos de decisão não distribuirá preservando assim a cultura governativa.

A solidariedade nacional surge como herança ou imposição, por meio da reforma de Estado e endente-se por reforma de Estado a mudança de partido, pela eleição ou meios que o povo acreditar ser mais eficiente para a garantia do futuro das suas gerações.

O princípio da distribuição deveria estar assente na solidariedade. Partilhar conhecimento e estar disposto a pagar o preço. O caro leitor ao comprar a presente obra, primeiro quer que eu coma do fruto do meu trabalho e o mais importante, está a trazer energia positiva e abundância intelectual para si mesmo.

Longe das curvas de moral, presentes acima, a verdade é que só podemos ensinar a quem está disposto a pagar o preço, a aprender e aprender, exige gastar dinheiro, tempo, analisar prioridades, despir-se do orgulho, e na dimensão desta obra, aprender significa estar pronto a demonstrar amor à favor do seu povo. Porque vale sempre aprender para melhor participar da produção da riqueza nacional.

COMO OS POBRES PODEM ACABAR COM A POBREZA NO MUNDO?

PRINCÍPIO DA INSATISFAÇÃO

A força mais poderosa que te levará a insatisfação, é sem dúvidas a insatisfação de fazer o mesmo, de viver no mesmo lugar, de aturar as mesmas faltas de respeito, de engolir as promessas do mesmo governo. Insatisfação de viver somente para pagar as dívidas e ou a insatisfação de aguentar o mesmo emprego. Escrevendo sobre emprego, imagine caro leitor neste momento se trabalhas por conta de outrem, imagina o teu salário anual se dele consegues ter alguma prosperidade. Se o teu rendimento anual te permite mudar o actual estilo de vida como comprar uma casa ou um carro a crédito nos próximos 12 meses. Não te moverás enquanto a insatisfação não bater a tua porta.

Infelizmente a insatisfação é fruto do conhecimento que temos de outras realidades.
Quando conheço o sistema de transporte que existe em outros países ou o nível de segurança, começo de certeza a questionar-me por que razão não vemos no nosso país e quando descobrimos as razões, acabamos por nos sentirmos muitas das vezes traídos. Quando sei de empresas que me pagariam melhor e ofereceriam

melhores condições de trabalho, começa a nascer em mim a vontade de mudar.

Muitos viveram insatisfeitos e porque tiveram medo da mudança, morreram insatisfeitos. O medo da mudança, sumirá apenas no dia em que decidirmos mudar.

Quanto as consequências da mudança, saberemos depois de tomarmos a decisão, mas como evidente, pessoas sábias, listam todas as vantagens e desvantagens que podem advir da possível tomada de decisão advinda da insatisfação. Pois, não se pode descartar o facto desta insatisfação, poder surgir como consequência apenas de um momento difícil que se esteja a viver.

A inovação é fruto da insatisfação.

O empreendedorismo também.

O avanço na medicina é indiscutivelmente fruto da insatisfação do médico que lia todos os anos relatório do seu hospital de que centenas de crianças morriam todos os anos por conta de um vírus que existia no seu país há mais de 10 anos. As vacinas são frutos dos avanças, pesquisas e toda pesquisa com vista a mudança, é fruto da insatisfação. Sociedades confortáveis com o que têm e como vivem, são geralmente improdutivas e estáticas.

Da insatisfação surgiu a famosa teoria da corrida dos ratos.

Temos usado esta teoria para descrever as pessoas que trabalham arduamente em empregos que não gostam ou gostam, mas que não os preenche.

Correr todos os dias em busca do mesmo. Dinheiro.

Trabalhar horas sem fim, perdendo assim oportunidades de acompanhar o crescimento dos filhos, cuidar da mulher e claro cuidar de si e dos seus propósitos.

Os ratos precisam de sair todos os dias/meses em busca de comida. Não conseguem criar reservas porque não têm consciência da poupança, não podem parar de trabalhar porque gastam tudo que ganham.

Por isso, a única forma de deixar ser rato é ter a consciência de que estás em uma corrida dos ratos e te perguntar. Se hoje não houver queijo lá onde todos os dias busco, onde buscarei?

Se ficar desempregado, quantos dias conseguirei manter a minha família sem trabalhar? Se ficar doente, o Estado ou a empresa em que trabalho deixar de me pagar por alguma crise ou problema qualquer, quanto tempo conseguirei sobreviver?
Se a tua resposta for assustadora, começarás a fazer o que vou escrever abaixo.

Todos nós como vimos no texto acima, vivemos na corrida dos ratos. Alguns mais mergulhados do que outros.

Saiu desta vida, quem tem hoje o domínio total da sua agenda. Liberdade (de estar onde quiseres a qualquer hora, de falar e de comprar o que quiser).
Os empreendedores não têm tempo livre, porque precisam chegar à riqueza. Os ricos não podem falar tudo que desejam, porque precisam salvaguardar interesses.

Porque a liberdade é a moeda mais cara do mundo, precisarás construir o teu império, longe de tudo que seja ilícito. Ciente de que o melhor negócio, melhor venda é aquela em que tanto o vendedor e o comprar saiam a ganhar. Sem esta premissa continuaremos a ver empresários de sangue e sem nunca conseguirem deixar a corrida dos ratos apesar de possuírem bilhões na conta. Afinal, o verdadeiro rico não é aquele que tem milhões, mas aquele que tem dinheiro e paz.

Há várias vias para sairmos da corrida dos ratos, mas atenção! que se trabalhas para alguém, gostas do trabalho, consegues passar tempo de qualidade com a sua família, eras capaz de trabalhar horas extras sem ser pago e nem reclamavas, tu estás fora da corrida dos Ratos.
Apesar de muitos não saberem que estão nesta caixa do ganha - gasta, trabalha, Tv, dorme e amanhã mesma rotina, alguns e muitos estão nesta rotina, amam e não trocavam por nada. Logo, para os que amam o que fazem

todos os dias, o que vou dizer abaixo não se aplica a sua vida.

Quem está na corrida dos ratos, sabe que está e quer muito sair da mesma, infelizmente deverá estar disposto a trabalhar mais do que a média da população que o circunda.

Deverá poupar mais, isto é viver apenas do essencial e acima de tudo, deverá estar disposto a aprender mais.

A jornada começa com as seguintes auto questões:
O que gosto de fazer, Faria mesmo que não me pagassem?
Quanto preciso ganhar nos próximos 12 meses por mês, para ter uma vida mais confortável?
Porquê quero ter mais dinheiro e tempo?
Que serviço ou produto, gostaria de vender?
Que produto ou serviço as pessoas procuram em todas as épocas?

Atenção! foca no que gostas de fazer porque é o que não te permitirá desistir.
Pois, muitos desistem de sair desta armadilha na primeira dificuldade, porque fazem tudo por dinheiro. Para sair da corrida dos ratos o dinheiro apesar de paradoxal, não pode ser o foco. Mas sim, as liberdades.

Tendo noção de que sou também um rato, que dinheiro não deve ser o foco principal porque há coisas que não faria por dinheiro em respeito aos meus valores, eu sei desde este momento que preciso de ganhar dinheiro. Para ganhar dinheiro eu posso vender produto de alguém e ganhar comissão.

Para isso, precisarei ser um activo, ou seja, bater as portas dos que já têm bens ou serviços. Preciso se não me sinto confortável com venda directa de forma independente, procurar emprego.

Alguns caminham com dois ou 3 trabalhos durante os primeiros anos na rota a independência, outros, preferem dedicar-se 100 % ao seu projecto financeiro e estes últimos tendem a ter mais sucesso. Para isso, precisam de juntar mais reservas de até 6 meses para esta aventura. Começar sozinha costuma ser o mais ideal, pois, não terás a quem atribuir responsabilidades e tu te tornarás o melhor em todas as áreas do seu negócio. Desde caixa, marketing, jurídico, recursos humanos, legislação fiscal e trabalhista. Começar com um sócio é óptimo devido a partilha de risco e baixo investimento devido a divisão de custos.

O segredo é começar e reduzir o máximo de desculpas possível. Porque quanto mais desculpas te levantas, mais para longe ficará o sonho. Para os que pretendem emigrar como forma de empreender, os passos acima são os mesmos. Porque não emigrarás sem fundos. Lá fora a coisa é muito mais difícil por não teres a quem pedir ajuda.

A solução a corrida dos ratos pode ser obtida por duas vias. Por meio da plenitude, momento em que o cidadão está feliz com o que tem e é, não procura por mais nada. Apenas o seu silêncio e viver com tudo que o seu pouco esforço e a natureza lhe oferecem. Pode ser também colocado ao fim por meio da busca pela riqueza. Nesta via, o indivíduo começa a ganhar dinheiro e aprende a poupar, ou seja, a viver com menos do que ganha.

Deixa o casamento, ter filhos como Próximas prioridades e quando estes já os têm, partilha o seu novo objectivo com os seus filhos e parceira para que façam parte da missão.

Quanto queres ganhar por dia? foca nesta meta, por meio do trabalho a outrem ou por meio da venda de bem ou serviços próprios.

Onde está o dinheiro? Perguntar-se é óptimo para que possas saber onde estão as oportunidades. Na minha zona, no estrangeiro, em outra província, no negócio físico ou on-line? Na igreja, ...

Saber o que representa o dinheiro para si é importante para que não possas violar os teus valores.

Saber se queres ter dinheiro ou parecer rico, é importante para que não possas viver acima do que se ganha. Perguntar -se se neste mundo és o consumidor ou o comprador, é importante para que saibas em que lugar estás e queres estar.

Sair da corrida dos ratos é uma questão de mentalidade e deve ser uma jornada diária em busca de mais conhecimento, dinheiro ou tranquilidade.

PRINCÍPIO DA REINVENÇÃO

Se desejar reinventar-se prefira escolher algum negócio que seja escalável, que gostes, que não faça mal aos consumidores hoje e amanhã. O produto ou serviço deve ser desejável, escolhe bom nome e de preferência que o nome do negócio, tenha uma história e esta história tenha alguma ligação contigo, dê lucros, mais do que apenas facturamento. Dedica-te 100% no teu projecto. Viva a 300% para que consigas o equilíbrio que o teu mundo exigirá. 100% para família, emprego e outros 100% para o teu actual projecto. Para viver a 300% cada minuto do seu dia terá de ser aproveitado e para isso, precisarás de mais energia física para aguentar o estres do dia a dia e uma das vias para conseguires mais energia física é sem dúvidas a prática de exercícios físicos, horas de sono regulado apesar de na prática ser impossível cumprir, porque será necessário que te mantenham acordado muitas vezes quando os teus estiverem a dormir para que consigas dar tempo a tua família. Alias, sobre a gestão do teu tempo, recomendo a leitura da obra a rotina perfeita com hábitos felizes, da minha autoria.

Reinventar-se é descobrir junto da localidade em que vivo ou a nível global, aproveitando-se do efeito globalização, descobrir produtos ou serviços que possam ajudar pessoas a resolverem os seus problemas. Quem por exemplo vende agulhas e linha de costura ao domicílio ou o serviço de costura ao domicílio, estará a resolver o problema dos últimos constrangimentos comuns a todos nós. Quem vende gelados no verão, quem abre uma loja online e física para vender produtos dos outros, descobre uma fonte inesgotável de rendimentos. Digo ajudar, porque se fores como eu que vendo conhecimento, precisarás de doar mais de 80% dos seus serviços de forma gratuita, procedendo assim, por meio das suas redes sociais, formarás o seu próprio exército de seguidores e muitos por gratidão ou sede de conhecimento organizado poderão comprar os seus serviços. Foi por esta via que conseguimos construir a Cérebros Comunidade, pois alguns nos nossos inscritos por gratidão ou sede do aprender, aprender, pagam todos os meses para estarem juntos de nós e assim tomarem de todo conhecimento presente nos cérebros dos integrantes.

Os teus serviços produtos devem ter um toque ao ensino, para que possa gerar mais utilidade aos seus consumidores. Para tal, escolhe primeiro o produto, depois, busque encontrar o lado educativo ou instrutivo quando aplicado ao quotidiano.
Quem ama os seus clientes, jamais venderá produtos e serviços falsos ou nocivos a saúde. Quando falsos, comunica, evitando assim, cair no crime de burla. Afinal, a honestidade fica bem a todos.
Mais do que amar e ensinar os seus clientes, vale ter e mantê-los. Por meio de campanhas pagas pelas redes sociais e emails, vai juntando Leads, ou por via

tradicional, criando grupos com seus clientes e apreciadores no whatsap ou salas de encontro para prova gratuita de novos produtos ou, não tendo dinheiro para campanhas pode-se produzir imenso conteúdo aproveitando-se do algoritmo das redes socias e pedir aos seus solidários amigos e familiares para cumprirem com suas obrigações solidárias.

Vai ser necessário aprender a vender, conhecer técnicas de venda é uma forma poderosa de nos reinventarmos. Se tens produtos ou serviço, vais precisar vender. Para vender tu decides se terceirizas as vendas ou te colocas na linha da frente. Mas o empreendedor é diferente do empresário, vais precisar aprender de desejas sair da classe empreendedora para empresarial.

Se for para vender, não sejas passivo. Aquele que faz a montra e espera pelos clientes. Seja activo por meio da procura de clientes em eventos, na rua, transportes distribuindo anúncios, pesquisa por produtos iguais no mercado, compara preço e qualidade, suas publicidades e faça melhor. Entre diferentes canais de vendas desde passivo (esperar pelos clientes nas tuas montras, redes socies e email), activo (anúncios na rua, redes socias, influenciadores, parcerias, produzir conteúdos explicito ou implícitos sobre o teu serviço). A produção de conteúdos, cria conexão com o teu público, evitando assim a insegurança. Planta uma arvore na cabeça dos seus clientes para que possam ver-te em todos os cantos em que possam ir e estar. Até se necessário nas suas conversas paralelas e diferentes grupos digitais e reais, pois é assim que os curiosos te visitarão, acumulando com esta estratégia, novos clientes.

Quanto ao controle dos seus gastos, tanto do ponto de vista empresarial e doméstico, eu uso a técnica das contas bancárias e da observação diária. Isto é, todos os dias eu olho para a minha conta bancária pelo menos uma vez, para que eu possa saber, quanto tenho e mais importante para onde está a ir o meu dinheiro. Por eu sei onde ontem gastei o meu dinheiro, já se passarem 7 dias, não me lembrarei o que comprei e me tornarei como a maioria da população mundial que diz: o meu dinheiro está a acabar e não sei para onde está a ir. Quanto as contas bancárias, a técnica é ter mais de duas contas bancárias em que uma me servirá para receber ganhos, outras para gastos mensais e outra para investimento e poupança. Assim, já sei que quando o meu cartão de gastos estiver próximo do zerado, estou sem dinheiro, aumento as minhas regras de austeridades/cortes e não entro em desespero correndo para a conta poupança ou de investimento.

Por último e mais importante, reinventa-se é criar fontes de receitas para mais infinito. Isto é, toda vez que conseguir estabilizar algum negócio, terceirizo, ou seja, contrato alguém para o gerir e parto para a criação de outra fonte, pois, as economias são instáveis, por isso, milionários investem em diferentes moedas, países e se eles fazem isto, por que não os imitas?

BIOGRAFIA

Capitalismo, apenas, Branko Milanovic, 2022

Ética prática, Peter Singer, 1979

Jean-Jaccques Rousseau, Of the social contract and other political writings, 2012

O vencedor está só, Paulo Coelho, 2008

The communist manifesto, Fridrech Engels and Karl Marx, 1888

www.ingramcontent.com/pod-product-compliance
Lightning Source LLC
Chambersburg PA
CBHW031921240526
45464CB00021B/626